CB082135

AUTO CURA

À LUZ DO ESPIRITISMO

EDITORA EME

Solicite nosso catálogo completo, com mais de 400 títulos, onde você encontra as melhores opções do bom livro espírita: literatura infantojuvenil, contos, obras biográficas e de autoajuda, mensagens espirituais, romances, estudos doutrinários, obras básicas de Allan Kardec, e mais os esclarecedores cursos e estudos para aplicação no centro espírita – iniciação, mediunidade, reuniões mediúnicas, oratória, desobsessão, fluidos e passes.

E caso não encontre os nossos livros na livraria de sua preferência, solicite o endereço de nosso distribuidor mais próximo de você.

Edição e distribuição

EDITORA EME

Avenida Brigadeiro Faria Lima, 1080 - Vila Fátima
CEP 13360-000 – Capivari-SP
Telefones: (19) 3491-7000 | 3491-5449
Vivo (19) 9 9983-2575 | Claro (19) 9 9317-2800
vendas@editoraeme.com.br – www.editoraeme.com.br

JULIANO P. FAGUNDES

AUTO CURA

À LUZ DO ESPIRITISMO

Capivari-SP | 2022

© 2022 Juliano P. Fagundes

Os direitos autorais desta obra foram cedidos pelo autor para a Editora EME, o que propicia a venda dos livros com preços mais acessíveis e a manutenção de campanhas com preços especiais a Clubes do Livro de todo o Brasil.

A Editora EME mantém o Centro Espírita "Mensagem de Esperança" e patrocina, junto com outras empresas, instituições de atendimento social de Capivari-SP.

1ª reimpressão - junho/2022 - de 3.001 a 4.000 exemplares

CAPA | Victor Benatti
DIAGRAMAÇÃO | Victor Benatti
REVISÃO | Rubens Toledo

Ficha catalográfica

Fagundes, Juliano P., 1977
Autocura à luz do espiritismo/ Juliano P. Fagundes - 1ª reimp. jun. 2022 - Capivari, SP: Editora EME.
224 p.

1ª ed. mar. 2022

ISBN 978-65-5543-064-6

1. Autocura. 2. Espiritismo. 3. Saúde humana. 4. Tratamento espiritual.
I. TÍTULO.

CDD 133.9

Contato do autor | julianovento@gmail.com

Agradecimentos

Agradeço primeiramente a Deus, pois, sem Ele, não poderia realizar qualquer trabalho. A Jesus, nosso eterno guia e modelo de conduta moral, com suas inolvidáveis lições de incomparável valor. Muito obrigado ao irmão César, meu mentor amigo, que sempre me orienta na melhor tomada de decisões.

Obrigado aos meus filhos, Catarina e Ian, que sempre se empolgam com qualquer projeto que eu queira realizar. Obrigado a minha mãe, Nerilda, que está sempre lá para me apoiar.

Obrigado aos irmãos da Academia Espírita de Letras do Estado de Goiás e aos irmãos da Federação Espírita do Estado de Goiás, pela inspiração constante e por sempre me instigarem ao aprofundamento das reflexões resultantes de qualquer estudo.

Obrigado especial à minha amada esposa, Eliane, pelo amor, fé, amizade e pelo apurado senso crítico que sempre me salva de elucubrações improfícuas. Seus trabalhos mediúnicos de cura foram uma grande fonte de inspiração para que eu desenvolvesse esse trabalho com dedicação e disciplina redobrados.

E um obrigado final à espiritualidade amiga, que nunca nos abandona, sempre paciente frente à nossa inerente teimosia.

Apresentação

Enquanto fazia a última revisão de minha obra anterior, *Às portas da regeneração* – fechando o que passei a considerar uma "trilogia", juntamente com *Causa e origem dos nossos males* e *Governador da Terra*[1] –, fui me dando conta de que havia ali vários assuntos que possivelmente mereceriam uma abordagem mais detalhada e que não poderia ser feita naquela obra sob pena de desviar-me do eixo central do texto, estendendo uma obra já por si só extensa.

Um desses assuntos era a saúde humana. Para a construção de várias partes de *Às portas da regeneração*, eu havia levantado dados sobre a história das grandes epidemias, tratamentos médicos, tecnologias a serviço da saúde e a longevidade humana e percebi que poderia ir muito mais além. Entre as fontes de referência selecionadas enquanto pesquisava os materiais-base para aquela obra, havia encontrado uma série de pesquisas sérias que tratavam da força do pensamento positivo, da fé e do poder da mente e da espiritualidade sobre o corpo, com resultados muito concretos em favor da saúde. As fontes eram tão impressionantes, que mereciam uma atenção maior. Assim tais dados científicos, somados àqueles trazidos ao mundo pela ciência espírita no século XIX e os posteriores, difundidos na obra mediúnica de Francisco Cândido

1 Todas as três obras publicadas pela **Editora EME.**

Xavier, passaram chamar tanto a atenção e fazer tanto sentido, que foi impossível ignorá-los.

Apesar da relevância dos dados encontrados, a certeza de que uma obra espírita e científica sobre a cura - ou a autocura - era não apenas interessante, mas até necessária, veio a partir do trabalho que minha esposa, Eliane, vinha realizando, por meio da mediunidade de cura, em uma instituição espírita. Junto da espiritualidade, ela auxiliava semanalmente no tratamento de inúmeras pessoas que buscavam tratamentos alternativos para a recuperação da saúde física e mental. Muitas dessas pessoas buscavam desesperadamente os tratamentos oferecidos pela casa espírita após terem esgotado os recursos tradicionais de tratamento ou serem desenganadas pelos médicos. Para estas, o "tratamento espiritual" era o último recurso.

E não se trata esse de um cenário local. Essa é uma situação vista nas casas espíritas de todo o país. Esse grave panorama exige de nós espíritas um comprometimento extra, não apenas em nossa determinação em nos qualificar melhor, ou em nossa disposição em acolher a quantos baterem às nossas portas, mas também na tarefa de esclarecimento e difusão de conhecimento.

Quanto mais, enquanto espíritas, soubermos explicar *o que* fazemos e *por que* fazemos, melhor para todos. Não canso de pensar que, se nós espíritas estivéssemos pesquisando mais, estudando mais e divulgando mais intensamente o que é a doutrina espírita, escândalos, como o que envolveu o suposto médium João de Deus, jamais aconteceriam ou pelo menos, acometeriam menos vítimas.

Oferecemos, então, nossa modesta contribuição ao tema, buscando o quanto possível, ir além da literatura disponível, trazendo informações atualizadas e dados concretos em auxílio a todos aqueles que buscam entender melhor como o espiritismo, o pensamento positivo, a fé e a espiritualidade podem contribuir com as questões ligadas à saúde de todos nós.

E, embora a *Autocura à luz do espiritismo* tenha sido concebida para auxiliar a suprir tal demanda, não tenho eu, enquanto autor, a pretensão de esgotar tal temática, riquíssima e quase ilimitada de expressões. Jesus, nosso mestre por excelência, continua sendo para todos nós, a maior fonte de referência sobre o tema, aquele que soube exemplificar nosso potencial de cura em sua máxima expressão. Esperamos, no entanto, que a presente obra possa servir como referência para estudos específicos e, principalmente, sirva de inspiração para outros que desejem ampliar ainda mais esse cabedal de lições, com novos estudos e descobertas em prol do bem-estar humano.

Introdução

Antes de mais nada, muita calma. Esse não é um livro que vai ensinar uma fórmula mágica para a cura de todas as enfermidades. Não existe um livro capaz de fazer isso, e quem disser o contrário estará muito mal-intencionado. Aliás, é sempre bom lembrar que muitas das enfermidades ou limitações na saúde, que se manifestam em nossa vida, sobretudo as graves e sem uma causa aparente, são processos expiatórios com os quais temos que lidar, em nosso próprio benefício e, portanto, não serão curadas enquanto não aprendermos a lição que vêm ensinar, caso contrário seria a possibilidade de se derrocar as leis divinas

Essa obra vai tratar da *possibilidade real* da autocura, dentro de comprovações científicas e avaliadas sob a luz renovadora dos conhecimentos espíritas. Vamos abordar na presente obra qual nosso *real* papel na restauração e manutenção da saúde e, fatalmente, descobrir que o remédio que precisamos talvez seja amargo, senão doloroso como uma injeção: que a nossa saúde está relacionada diretamente com nossas crenças e atitudes.

Quando li pela primeira vez a obra *O Consolador*[2], deparei-me com uma questão que, na ocasião, explodira em minha mente como

2 *O Consolador*, do Espírito Emmanuel, psicografado por Francisco Cândido Xavier.

aqueles poderosos fogos de artifício que explodem sob o céu no último dia do ano.

Os integrantes do Grupo Espírita Luís Gonzaga, de Pedro Leopoldo, em 1939, questionaram Emmanuel sobre a possibilidade de as entidades espirituais revelarem à Humanidade os processos de cura da hanseníase[3] e do câncer[4].

Pacientemente a veneranda entidade explicou que, na verdade, na própria natureza da Terra e na organização de fluidos inerentes ao planeta, já residiam todos esses recursos de cura, embora ainda não apreendidos pela ciência. No entanto, um outro recurso também carregava um efeito curador muito mais potente e duradouro: o fim do orgulho e do personalismo. Uma das características dos espíritos superiores é essa qualidade de falar pouco e ao mesmo tempo dizer muito. O poder da síntese filosófica que escapa à maioria dos seres humanos, vide o exemplo máximo de certas frases de impacto proferida por Jesus, como "Dai, pois, a César o que é de César, e a Deus o que é de Deus[5]", ou "Nem só de pão viverá o homem...[6]", sobre as quais poderíamos escrever inúmeros compêndios sobre a abrangência de seus vastos significados.

O ponto de vista que Emmanuel nos traz é dos mais desconcertantes, sobretudo para nós que ainda carregamos alta carga de incredulidade: poderíamos acabar com as doenças crônicas, as enfermidades consideradas vulgarmente como as mais cruéis e dolorosas, em poucas gerações, bastando, para isso, "apenas" modificar nossa conduta moral.

Cientificamente falando, as palavras de Emmanuel são surpreendentes. Do ponto de vista biológico, a afirmativa sugere que o DNA[7] da raça humana poderia passar por um processo evolutivo radical, gerando seres geneticamente mais resistentes e duradouros. Antropologicamente, com o afastamento de um sem-número de mazelas físicas, o quanto poderíamos progredir, como espécie formada por

---

3 Lepra, no texto original.

4 Questão 101.

5 Mateus 22:21.

6 Mateus 4:4.

7 Ácido desoxirribonucleico.

indivíduos portadores de saúde plena, podendo investir todo seu potencial físico e intelectual em inúmeras áreas do conhecimento, sem os grilhões da fragilidade e da depreciação orgânica?

Ora, a cura física passaria, então, pela cura moral, como lados de uma moeda psicogenética[8]. Poderíamos nos tornar super-humanos em uma centena de anos, mas, infelizmente, a língua portuguesa nos ensina que o futuro do pretérito pode ser algo tão possível quanto improvável, já que não raro as doenças, enfermidades e a morte resultam do abuso, da transgressão às leis divinas[9]. Difícil talvez seja saber quando *uso* torna-se *abuso*, ou seja, o prefixo latino *ab* que nos fala do afastamento do uso, do distanciamento do que seria o usufruto normal, ou natural.

Mas a Humanidade ainda hoje estertora nos anseios primitivos. Não sossegamos à sombra dos diagnósticos médicos. Rebelamo-nos ante as respostas vazias e caminhamos sem cessar ao encontro de uma palavra simples, mas de grande significado: *cura*, que vem do latim *curare*, ou seja, organizar, administrar. Para nós é um pouco disso, mas muito mais recobrar nossa saúde, tratar, "consertar um erro".

Quanto a isso, instituições e comunidades mundo afora levantam suas bandeiras, fundamentadas em bases que consideram inquebrantáveis, medicina tradicional *versus* medicina alternativa, tratamentos holísticos dos mais variados, pensamento positivo, manipulação energética, infusões de ervas... Os embates não cessam; pelo contrário, multiplicam-se, tão complexos e variados quanto a própria natureza humana.

E quem ganha com tudo isso? Todos ganhamos. Os infinitos tratamentos voltados ao bem-estar da saúde humana, ora combatem-se, ora misturam-se, como no processo da maiêutica socrática[10], na infinita busca dos porquês.

---

8 Teoria foi elaborada pelo psicólogo suíço Jean Piaget a partir da década de 1930.

9 *O Livro dos Espíritos*, de Allan Kardec, questões 714-a e 964.

10 Etimologicamente, maiêutica se originou a partir do termo grego *maieutike*, que significa "arte de partejar". Sócrates usou essa expressão em associação ao trabalho das parteiras - profissão de sua mãe —, visto que, para o filósofo, o seu método proporcionava o "parto intelectual" dos indivíduos, onde, através de perguntas sobre determinado assunto, o interlocutor era levado a descobrir a verdade sobre algo.

No entanto é necessário que reflitamos sobre as célebres palavras de Jesus, quando disse "A tua fé te curou[11]", porquanto precisamos entender que a renovação, seja física ou espiritual, é um exercício íntimo e que retomar a saúde, em qualquer âmbito, é andar de mãos dadas com Deus e seus princípios supremos.

Na presente obra vamos falar sobre as últimas descobertas sobre a relação mente-corpo, no ponto em que convergem sob o ponto de vista da antropologia, biologia, da física quântica e, claro, do espiritismo. Trataremos de possibilidades possíveis para nosso bem-estar íntimo, pessoal e também falaremos sobre o bem-estar da família e da sociedade, pois, como veremos mais à frente, as diferenças entre uma célula humana e um planeta habitado por humanos podem ser muito, muito, pequenas.

11 Lucas 8:48.

Sumário

01. Colmeia de animálculos 17
02. Você se lembra de que é um espírito? 23
03. Lilliput 27
04. Inteligência gera inteligência 39
05. Evolução 43
06. Ambiente 47
07. O elemento da moda – e da vida 53
08. O DNA é realmente tão importante? 57
09. Célula e vibração 63
10. Vida quântica 67
11. O quanto a ciência está longe 71
12. Medicamentos e vibrações 77
13. Ver e crer 81
14. Ação e reação 87
15. Cuidado com o pensamento positivo! 93
16. Mente sã, corpo são 95
17. Nossas células são emotivas 99
18. Efeito placebo 105
19. Efeito nocebo 109
20. Mecanismos de sobrevivência 113
21. O medo pode matar 119
22. Mentalização 123

23. Os fluidos 127
24. A importância da família 135
25. O poder do subconsciente 139
26. Os velhos conceitos começam a falhar 143
27. Um castelo com três andares 149
28. Criatividade libertadora 153
29. Contatando a mente inconsciente 157
30. Concepção consciente 159
31. A tecnologia de ponta da Natureza 165
32. Terceirização 167
33. Ciência e espiritualidade juntas? 171
34. Terapias integrativas 177
35. À imagem e semelhança do Universo 183
36. A máxima defesa da vida 191
37. O estudo das vibrações 195
38. Felicidade forjada 201

Conclusão: Amor, ferramenta de sobrevivência 211
Bibliografia 217

01 Colmeia de animálculos

A PRIMEIRA VEZ que usei um microscópio foi no laboratório do colégio Santo Agostinho, em Goiânia, escola que frequentei dos 11 aos 17 anos, quando terminei o Ensino Médio. Na inocência de minha mente juvenil, a experiência foi assombrosa. Eu olhava para um organismo celular, tão pequeno que se tornara invisível aos olhos humanos. E ele se movia, vivo, alheio ao que acontecia ao seu redor, em busca de alguma coisa. Ou estaria, quem sabe, tentando chegar a algum lugar?

Quando retirei meus olhos do aparelho, olhei para mim mesmo. Estaria eu coberto por aqueles microrganismos? Discretamente aproximei meu braço do rosto, mas não consegui ver nenhuma criatura "alienígena" caminhando sobre minha pele. No entanto, aquela imagem não me saiu da mente por um longo tempo.

Passei a achar que uma célula se parecia muito com o espaço sideral, com seu núcleo parecendo uma pequena galáxia, cercada por astros dos mais variados tipos. De repente entendi o Universo de uma maneira nova, havendo o infinitamente grande, na forma do infinito do espaço e seus planetas, sóis e buracos negros; e o infinitamente pequeno, na forma de células, moléculas e átomos.

Foi a primeira vez que passei a refletir seriamente sobre o fato de as moléculas formarem a base da vida física. Hoje, graças aos conhecimentos trazidos pela consoladora doutrina espírita, sabemos que o assunto é muito mais amplo e que somos mais do que uma colcha de retalhos celular, uma estrutura de favo de mel com aproximadamente 70 trilhões de células especializadas, trabalhando diuturnamente para a manutenção da vida.

No entanto, desde que Charles Darwin, em 1859, afirmou que as características individuais são passadas dos pais para os filhos e que estas são fatores hereditários que controlam a vida de todos nós[1], os cientistas vêm empreendendo uma busca frenética para dissecar todas as partes que compõem as moléculas em uma tentativa de decifrar os mecanismos hereditários responsáveis pela vida.

E, realmente, essa busca gerou incríveis resultados, quando em 1953 James Watson e Francis Crick descreveram, na estrutura e na função da espiral dupla do DNA, o material do qual os genes são feitos.

Os cientistas finalmente pareceram encontrar os fatores hereditários que Darwin mencionou em seus manuscritos no século XIX. Os meios de comunicação anunciaram uma nova engenharia genética, a possibilidade de termos bebês customizados e medicamentos infalíveis.

Descoberto o segredo da vida! – foi a grande manchete dos jornais. Os genes pareciam ser a explicação para tudo que nos acontecia, e os intrincados mecanismos pelos quais o DNA podia controlar a vida biológica se tornaram o eixo da biologia molecular. A longa discussão sobre as características que herdamos ou que adquirimos durante a vida parecia ter chegado ao fim e os cientistas pareciam certos de que tudo é herdado de nossos pais.

No início, pensavam que o DNA fosse responsável apenas por nossas características físicas. Com o tempo passaram a acreditar que nossos genes também poderiam controlar nossas emoções e comportamento. Portanto, se alguém nascesse com um "gene de felicidade" defeituoso só poderia esperar ter uma vida infeliz. Uma visão excessivamente cômoda e materialista da existência e do comportamento humano.

Em minha família havia alguns fumantes. Para ilustrar o caso em questão, vou utilizar o exemplo de minha avó materna e meu

---

1 *A origem das espécies*, Charles Darwin.

padrinho, que fora o irmão mais velho do meu pai. Ambos desencarnaram por consequência do tabagismo, mas em condições muito diferentes. Minha avó fumou desde os 9 anos de idade. Iniciou o hábito quando trabalhava na lavoura, no interior de Goiás, inicialmente como forma de espantar os diversos tipos de mosquitos existentes no ambiente rural dos trópicos. O hábito se tornou vício e, então, após mais de 70 anos fumando, minha avó começou a sentir os efeitos nocivos da droga, como falta de ar. Desencarnou pouco após fazer uma cirurgia na coluna; seu organismo estava debilitado por causa de um enfisema.

Meu padrinho fumou muito menos tempo do que minha avó. Iniciou bem depois, e não viveu o suficiente para chegar a tantos anos de tabagismo. Mal chegara aos 70 anos de idade, vitimado por câncer avassalador numa metástase que apenas mostrara algum sintoma quando passou a sentir uma dor intermitente no joelho. O mal já havia se espalhado em todo o organismo e não houve o que fazer. Descobri que é verdade o que dizem sobre as pessoas que, dominadas pelo avanço do câncer, parecem pequenas, como se a enfermidade as consumisse: ele media em torno de 1,90m e nos seus últimos dias parecia um garotinho raquítico de 9 anos de idade preso à cama.

Isso faz com que a teoria do DNA pareça fazer um certo sentido. Minha avó não tinha propensão genética ao câncer, mas meu padrinho tinha. Cientificamente, em tese, está tudo certo. No entanto, a tendência para o vício, o gosto pelo fumo, estaria também relacionado com os genes?

Esse é o ponto onde há de se questionar: não apenas Darwin e sua versão da evolução, mas também esse viés central segundo o qual os genes controlam a vida, pois essa linha de raciocínio tradicional tem uma séria falha: os genes não "ligam/desligam" sozinhos. É preciso que fatores externos do ambiente os influenciem para que entrem em atividade.

O espírito André Luiz descreve muito bem esse processo ao explicar que, às predisposições genéticas naturais, agregam-se ainda fatores de risco ao desencadeamento de enfermidades, como, por exemplo, o remorso adquirido nesta ou em existências passadas, passível de provocar distonias diversas em nossas forças orgânicas, ao desarticular a sinergia do corpo espiritual; ou ainda, desarmonias agravadas pelos processos obsessivos[2].

Na verdade, existe uma área científica própria – a epigenética – que se encarrega de avaliar as influências externas no comportamento genético. Trata-se do estudo dos mecanismos moleculares por meio dos quais o meio ambiente controla a atividade dos genes. E é uma das áreas mais atuantes da pesquisa científica em geral. Atualmente já se entende que fatores externos como fome, estresse, infecções e outros que desequilibram a homeostase[3] do organismo também podem resultar em mudanças epigenéticas e, portanto, influenciar no desenvolvimento[4].

É gratificante saber que, hoje, vários pesquisadores se interessam por esta área. Há uma crença entre vários especialistas de que as células podem nos ensinar muito, não apenas sobre os mecanismos da vida, mas também como viver de maneira mais rica e completa. Por mais que cada um de nós tenha aprendido a ver a si próprio como um indivíduo, biologicamente falando somos como uma grande comunidade cooperativa de aproximadamente 70 trilhões de células, onde a maioria delas vive como amebas, organismos que desenvolvem uma estratégia cooperativista para a sobrevivência de todos.

Em termos mais simples, o corpo físico é formado por uma espécie de "consciência celular coletiva". Assim como uma nação reflete as características de seus cidadãos, nossa condição humana reflete a natureza de nossa comunidade celular.

Mais uma vez o espírito André Luiz nos auxilia a entender como esse processo funciona, classificando as células orgânicas como princípios inteligentes, embora rudimentares, a serviço de um princípio inteligente superior, no caso, o espírito, renovando-se continuamente, no corpo físico e no corpo espiritual, em faixas vibratórias diver-

---

2 *Evolução em dois mundos*, de André Luiz, psicografado por Francisco Cândido Xavier, capítulo 19, Predisposições mórbidas.

3 Termo criado por Walter Cannon, a homeostase pode ser definida como a habilidade de manter o meio interno em um equilíbrio quase constante, independentemente das alterações que ocorram no ambiente externo.

4 https://www.nature.com/articles/nrn3818

sas, conforme a desenvoltura da inteligência que as comanda, não só durante a vida física, mas durante a vida espiritual também. O espírito chama as células de animálculos infinitesimais, ordenados e domesticados, alinhados como uma espécie de "colmeia orgânica", assumindo formas diferentes, segundo a posição dos indivíduos e a natureza dos tecidos em que se agrupam, obedecendo ao pensamento mais ou menos complexo que lhes comanda a existência[5].

5 *Evolução em dois mundos*, de André Luiz, psicografado por Francisco Cândido Xavier, capítulo 5, Células e corpo espiritual.

02 Você se lembra de que é um espírito?

QUANDO REUNIMOS, NUM mesmo béquer, pesquisas da epigenética moderna[6] e as profundas considerações que o espírito André Luiz nos trouxe em 1959, vemos uma mistura homogênea formar-se: não somos vítimas de nossos genes e sim donos de nosso próprio destino, capazes de criar uma vida cheia de paz, felicidade e amor.

E esse é o ponto em que temos que olhar para *nós mesmos*, entendendo que tais valores dependem exclusivamente de uma visão de mundo que *nós mesmos* precisamos desenvolver.

Talvez muitos de vocês que estejam lendo essa obra achem exagerado o que vou dizer, mas eu acredito que a Terra já é o paraíso.

Tudo bem, vamos avaliar a questão. A associação mais comum que fazemos de paraíso é a de moradia de Deus ou dos que já desencarnaram tendo suas missões cumpridas. Um mundo elevado. Como alguém pode dizer então que uma cidade como Goiânia ou São Paulo é uma extensão do paraíso? Nossas ruas estão cheias de homens, mulheres e crianças vivendo como mendigos; o ar, às vezes,

---

6 Apesar do termo ter sido originalmente cunhado por Waddington em 1942, se referia inicialmente a estudos sobre as interações causais entre os genes e seus respectivos produtos, levando às características observáveis ou caracteres de um organismo (fenótipo). Ao longo dos anos, o termo foi ampliado e alterado até a definição atual.

é tão poluído que nem se pode ver as estrelas no céu à noite. A água dos rios está tão suja que somente formas de vida estranhas podem existir ali. Como chamar um lugar assim de paraíso? Como Deus pode viver em uma cidade assim? E o que este autor maluco chama de Deus? Será que ele já viu Deus? A resposta para essas perguntas é: sim, acredito que vivemos no paraíso.

E acredito que vivemos no paraíso pelo simples fato de que todos somos criaturas de Deus. Mas não sou eu quem está afirmando isso. O primeiro a falar desse assunto foi Moisés, afirmando que fomos feitos à imagem e semelhança de Deus[7]. Depois, os espíritos superiores, quando afirmaram que Deus é a inteligência suprema, causa primária de todas as coisas[8].

Então, se somos realmente a imagem de Deus ou se Deus nos gerou, precisamos colocar o espírito na equação quando se trata de melhorar nossa saúde física e mental.

Definitivamente não somos meras máquinas bioquímicas que podem recuperar o equilíbrio físico e mental simplesmente tomando medicamentos. Remédios e cirurgias são ferramentas muito eficazes desde que utilizados com cautela. O conceito de que podem resolver todos os problemas com remédios e cirurgia é que está errado.

Trabalhei com desenvolvimento de produtos em algumas das maiores indústrias farmacêuticas do Brasil, por vários anos, e, nesse tempo, tive que ler muito sobre legislação e participar de inúmeros treinamentos sobre garantia da qualidade. Cada vez que um medicamento é introduzido no organismo para corrigir um problema A, acaba, inevitavelmente, causando um problema B, C ou D.

Entendamos: não são hormônios e neurotransmissores, controlados pelos genes, que dirigem nossa mente, nosso corpo e nossa vida; mas sim nossas crenças. Precisamos urgentemente fortalecer nossa fé. São nossas crenças que comandam nossa existência. E a própria palavra fé carrega consigo seu entendimento. Fé vem do latim *fides*, que também dá origem à palavra fidelidade. Portanto, fé não tem nada a ver com acreditar, que vem do latim *creditum*, ou seja,

---

7 *Gênese*, 1:26.

8 *O Livro dos Espíritos*, de Allan Kardec, questão 1.

dar crédito. Ter fé não é dar crédito, mas ser fiel, ou seja, ser leal, respeitoso, obediente, fazer igual. E por isso ter fé no Cristo, não é simplesmente acreditar que Jesus existiu, que suas palavras são verdadeiras ou crer nos feitos que realizou; é viver seus ensinamentos. Por isso o Mestre destacou ser nossa fé menor que um grão de mostarda: quem é que está *realmente* vivendo os ensinamentos cristãos em sua plenitude?

Quem tem fé vive conforme o que acredita ser o correto. Não existe fé teórica. Fé é uma experiência prática, comportamental. A fé se vê no modo de agir. Dentro de nós, uma batalha acontece. Definitivamente é a polêmica sobre aquilo que é natural em nós, o que aprendemos durante uma série de encarnações, reforçado pelos hábitos sociais e o que herdamos geneticamente de nossos pais, ideia reforçada pela medicina e os meios de comunicação.

Percebemos, nesse ponto, que estamos muito além da mera programação genética, mesmo que nossos familiares continuem erroneamente a nos incutir na mente que até nossa personalidade é herança genética, como a cultura popular entende. Creio que neste momento vivenciamos uma mudança profunda e pragmática em nosso modo de ver a vida, algo semelhante ao que aconteceu quando o conceito de que a Terra era redonda substituiu todas as outras crenças paralelas a respeito do formato do planeta.

Essa obra, portanto, embora possa parecer aos olhos de muitos, uma "revelação", trata-se apenas de um convite para que deixemos de lado, por alguns instantes, todas as crenças impostas pela mídia e pela ciência tradicional, para vislumbrar o universo que se abre à nossa frente com as novas descobertas da ciência – material e espiritual.

03 Lilliput

EM UMA DE suas palestras, Divaldo Pereira Franco nos conta a seguinte história:

> (...) na conversação, ele [Chico Xavier] narrou-me que quando mais jovem, sendo alguém portador de uma energia muito poderosa, já que viera equipado de recursos para o exercício da mediunidade (não estava no seu programa uma união matrimonial, todo o tempo disponível ele deveria canalizar para as atividades à família universal), ele começou, logo após a adolescência, a experimentar as constrições impostas ao organismo pela libido sexual.
>
> E não sabendo como proceder, nos recuados anos entre 1920 e 1930, ele saía pelos bosques da região de Pedro Leopoldo para caminhar, queimar as energias, até chegar à exaustão, para dessa maneira liberar-se do excesso de vitalidade, das forças genésicas que então produziam de alguma forma o estímulo das suprarrenais com suas descargas de adrenalina na corrente sanguínea.
>
> Certa ocasião, a sua mente começou a pensar na necessidade de uma companhia. E porque sabia não estar no seu esquema o consórcio matrimonial dentro das leis éticas e das determinações evangélicas, ele perguntou a Emmanuel qual seria a sua conduta.

E o benfeitor depois de ouvir-lhe a justa interrogação, contou-lhe uma parábola.

Havia um rei que morava em um país aonde tudo era abundante. E a fartura desdobrava-se em rios de generosidade para todos os seus habitantes...

Passaram-se os anos, e os habitantes multiplicaram-se. A produção de recursos começou a diminuir. E em breve, alastrou-se a fome. Nas regiões periféricas do Reino, a fome começou a ceifar algumas vidas. Então, um ministro que era muito vigilante, falou à sua majestade:

– O povo tem fome. E como o estômago não tem moral nem ética, estamos diante de um grave momento da governança neste reino.

O rei, porém, que estava muito bem nutrido, pois a sua era uma mesa com uma refeição opípara, rica, de acepipes variados, não deu a importância devida.

Mais tarde, a fome adentrou-se pela cidade. E o rei, receando problemas mais graves, mandou ampliar os celeiros e fez grandes reservas de alimentos para os exércitos, porque temia que povos vizinhos, invariavelmente adversários que lhe ameaçavam a soberania, pudessem investir contra o reino, debilitado pela fome. Assim, pelo menos o exército estaria em condições de defender a população.

Mas o cerco dos esfomeados fez-se cada dia mais vigoroso, chegando a ameaçar a estabilidade da coroa. O sábio ministro sugeria ao rei que tomasse providências e que encaminhasse parte das reservas dos soldados para o povo. Afinal, um povo bem atendido é um voluntário soldado do bem.

Mas o rei obstinadamente negava. Até que, certo dia, enquanto fazia a refeição, uma pedra atravessou a vidraça da porta e caiu sobre a mesa farta. O rei assustou-se e o ministro lhe disse:

– Estamos sitiados. O povo esfomeado cercou a casa palaciana. E, nesse estado de ira e necessidade, vai invadir o palácio e, provavelmente, o povo em angústia irá ceifar a vida do seu rei, que não está preocupado com a sua miséria.

O rei começou a ouvir a gritaria, as palavras agressivas, as ameaças. E então perguntou ao ministro:

– O que fazer, se é que ainda posso fazer alguma coisa?

O ministro reflexionou um pouco e disse:

– Aproxime-se da sacada. Fale à multidão.

E o rei, temerário pela consciência de culpa, disse:

– Mas eu não teria coragem. Vão apedrejar-me. E, claro, eu poderei ter a minha vida ceifada com um tiro ou uma paulada de algum mais intempestivo.

– É o risco que sua majestade deve correr, em decorrência da sua negligência. Eu adverti à sua majestade desde há muito, mas sua obstinação não permitiu que houvesse equilíbrio nem paz. A única alternativa é essa.

Uma nova pedra, agora, varou a vidraça da janela, e caiu próxima ao rei.

Ele encorajou-se. Mandou que alguns dos áulicos tocassem os clarins para acalmar a massa e apareceu diante da sacada. A gritaria foi infrene. O povo desesperado vaiou-o demoradamente, mas ele permaneceu impertérrito, olhando a multidão até que alguém disse:

– Pelo menos deixemo-lo falar! Parece que ele tem alguma coisa a dizer. Demos-lhe a chance que ele nos negou!

E no silêncio, que se fez natural, ele começou a explicar:

– Não creiam os meus súditos que a tarefa de um rei seja tão simples. Administrar um reino é um desafio à sabedoria. Não suponham que seja muito fácil a vida de um rei. Além dos deveres administrativos, ele tem também os seus compromissos pessoais. Das lutas diplomáticas que deve travar contra os países coirmãos, ou adversários, ele tem também em si próprio muitos conflitos para equacionar. Talvez o meu povo inveje a mesa farta, mas por certo não invejaria as minhas noites de insônia, as minhas dificuldades para conciliar o sono quando vejo a seca atormentar as terras do meu país, que são aráveis, e a ausência de grãos ameaçar-nos a vida.

E falou, falando a verdade. Falou com lealdade. Despiu-se daquela aparência de um ser superpoderoso... Então no meio da multidão alguém disse:

– Pobre do rei... Ele não é tão feliz como eu imaginava.

E outrem:

– Se é possível, ajudemos o nosso rei...

E mais alguém:

– Demos-lhe oportunidade de governar-nos com sabedoria. Demo-nos as mãos, e perguntemos ao nosso rei o que deveremos fazer.

E ele, nos dias que se seguiram, estabeleceu, com um dos seus ministros, um programa de trabalho e de atendimento às misérias e necessidades. E, aquela força desorganizada que conspirava contra a sua vida, passou a trabalhar pela felicidade dele e do seu reino.

Emmanuel encerrou aqui a sua história, e Chico, com a sua natural bonomia e simplicidade, afirmou:

– Não entendi nada! O que tem isso a ver com meus conflitos sexuais?

E Emmanuel redarguiu:

– Tu eras o rei feliz nesse reino glorioso que é o corpo, enquanto eram tuas as forças juvenis, e ele se autossatisfazia pela troca, pela permuta de energias, e a mitose celular dava-se enriquecida pelo fluido vital que caracteriza a tua existência, tudo marchava muito bem. Chegou, no entanto, o momento em que as glândulas endócrinas encarregadas da aparelhagem genital começaram a pedir às glândulas seminais substâncias para o seu equilíbrio hormonal, e, em breve, várias células, pela tua negativa de oferecer-lhes intercâmbios de hormônios físicos e psíquicos, começaram a experimentar carência. À semelhança do rei, buscaste refúgio na intimidade palaciana do teu cérebro, e deixaste o corpo entregue à fome das funções fisiológicas, e às necessidades da sua própria organização. Chega o momento em que te sitiam à casa mental e gritam-te: "Estamos com fome! E não queremos saber quais são os seus planos a nosso respeito!". Só há uma alternativa: ou dá-lhes alimentação, que reservas para o teu futuro, para os teus ideais, para defender-te da agressão do mal (os adversários dos países vizinhos dos teus dias transatos), ou vens à sacada da consciência para uma conversa franca.

"É necessário que cerres os olhos, que mergulhes no teu mundo na área do subconsciente, e dialogues com as tuas células, que lhes diga: "O que é que vocês estão pensando? Eu sou um rei carente! A minha célula de residência sofre a carência de vitalidade. Ajudem-me! Eu tenho algo o que fazer e não realizarei sozinho, se a sua fome sitiar os meus sentimentos mais elevados. Socorram-me! Eu sou um rei porque alguém um dia destacou-me um ancestral para governar o reino em que me encontro. A divindade deu-me este corpo, que não é meu. É um traje do qual eu sou um mordomo. Porque não posso utilizar conforme gostaria. Agora mesmo dependo dele, que não depende de mim. E necessito que vocês me ajudem".

Então, Chico Xavier concluiu, com os olhos banhados de lágrimas:

– Naquela noite eu fiz silêncio interior, procurei o refúgio da oração, olhei o meu corpo com a visão interior: era um reino. Quantos súditos... 70 trilhões de células! Quantas vias de acesso aos departamentos mais variados... 150 a 180 mil quilômetros de veias, vasos, artérias para a circulação, departamentos de alta significação como a bomba cardíaca, que trabalha sem cessar desde a concepção!

Então eu fui encontrando as diversas províncias do meu reino, e uma onda de ternura imensa tomou-me todo, do coração ao cérebro, do cérebro aos pés, e eu, procurando entender este mecanismo da máquina celular, imaginei cada célula como sendo uma consciência individual, formando a consciência coletiva do corpo e a minha individualidade formando a consciência geral do cosmos. E debruçado na sacada do meu cérebro, eu disse:

– Ajudem-me! Eu não posso dar-lhes por enquanto o pão que vocês me pedem, mas eu lhes posso dar um outro tipo de alimento que eu tenho para dar. Se vocês estão necessitadas de expansão e desejam multiplicar-se, nesse mecanismo da cissiparidade ininterrupta, e precisam de energia e de vibração, eu estou disposto a colaborar, para que vocês, a seu turno, colaborem comigo. E abandonando os excessos na corrente sanguínea, que ela suba, irrigue o meu cérebro, todos os capilares, todos os escaninhos, abrindo campo infinito para a superconsciência, a fim de que possa laborar na psicografia, que é o meu compromisso com a vida. Então eu peço ao meu departamento genésico que me libere as suas energias excessivas e que as minhas glândulas transformem essas energias em forças para resistência física nas atividades da mediunidade com Jesus...

E, assim que eu terminei a minha súplica, ungida de ternura e de amor pelas minhas células, eu senti que houve uma movimentação no aparelho genésico. Uma onda de calor subiu-me, incendiou-me o cérebro, e eu pude entrar no estado de êxtase.

A partir de então, sempre que me advém o cansaço, quando um desgosto qualquer, um problema desafiador me perturba, eu faço silêncio interior e digo:

– Gente, estou com fome! Sitiado no meu castelo, também eu tenho fome. Ajudem-me a vencer os adversários do passado e construir a nossa felicidade para o futuro!

E as células, que estão em incessante multiplicação, sempre banhadas por uma tépida água levemente salgada, emitem ondas que me revitalizam, e assim posso trabalhar ininterruptamente até por dez horas na mediunidade, com parada das funções fisiológicas, que se aquietam para o ministério do serviço.

Tudo o que está no universo são trocas: nada se perde, nada se cria de novo, tudo se transforma[9]. Nem castração, nem libertinagem. Nem punição ao organismo, nem liberação total, para nos levar ao desequilíbrio.

Aprendi então, desde aquele recuado dia, a conversar com o meu povo, no reino que a divindade me colocou para o trânsito carnal. Nas atividades que tenho abraçado, quando as forças parecem diminuídas, ou quando os prejuízos normais da existência me afetam, eu procuro buscar neste depósito de energias em reserva energias guardadas para as minhas defesas do futuro, resistência para as necessidades do presente, e digo-lhes:

– Ajudem-me! Este é um reino de aparência. Eu sou rei de coisa nenhuma. Ajudem-me! Vamos transubstanciar o conteúdo energético na sua finalidade, derivando para a criação,

---

9 Paráfrase de Lavoisier.

para a reprodução, para a construção, pois que essa é a finalidade genésica: procriar, construir, reconstruir, vitalizar. Não necessariamente em outras formas biológicas, mas especificamente em formas de ideais, que são criações da vida e da divindade através de nós...

Foi Emmanuel quem escreveu: "Fala a criatura ao Criador através da oração. Responde o Criador à criatura através da inspiração. Atende o Criador a uma outra criatura através daquela que se lhe faz intermediária".

Do grande desafio sexual, poderemos manter muita saúde, se disciplinarmos a nossa mente, como em qualquer setor de natureza fisiológica. Podemos disciplinar o nosso organismo para estabelecer horários para as suas funções, com equilíbrio, com harmonia. Por que a função genésica deve ser disparatada e pode permitir-se o direito de estar ao alcance do nosso desequilíbrio? Não é a função; é o rei que a comanda. Do cérebro para as glândulas genésicas.

É necessário que aprendamos a descer do cérebro do nosso pedestal, de pessoas poderosas que negamos ou de pessoas frívolas que liberamos.

A fonte muito visitada pelo balde, cujo minadouro tem um poder relativo de produção, termina secando as suas águas. É necessário, portanto, que chuva generosa caia na superfície da terra para que, absorvida pelo solo, traga as nascentes que minam na fonte: a água necessária para que ela possa atingir a borda[10].

Apesar da temática do texto em si fundamentar-se na questão do equilíbrio sexual, ela abrange de maneira magistral todo o conceito que precisamos abordar. Mas a ideia de comparar células a "seres humanos em miniatura" fazendo parte de um grande reino, não é exclusiva de Emmanuel. É também compartilhada por um grande

10 O reino glorioso do corpo físico, trecho da palestra "Sexo e obsessão", de Divaldo Pereira Franco.

biólogo chamado Bruce H. Lipton[11], que acreditou poder facilitar muito a compreensão de seus alunos sobre a relação entre fisiologia e comportamento.

Lipton narra que a ideia de comparar células a seres humanos[12] se desenvolveu em sua mente, pois, após tantos anos observando-as por meio do microscópio, passou a sentir-se como um grão de areia diante de uma forma de vida tão complexa e imponente, embora anatomicamente simples.

Nas aulas de biologia do ensino médio aprendemos alguns conceitos básicos sobre os componentes de uma célula: o núcleo, que contém material genético, a mitocôndria, que produz energia, a membrana que a reveste e o citoplasma, que fica entre eles. Mas dentro de cada uma dessas partes aparentemente tão simples há um vasto universo. A estrutura das células envolve uma constituição tão complexa, que os cientistas ainda não conseguem compreendê-la totalmente.

Tentar explicar a natureza de algo, utilizando como referência o comportamento humano, é chamado antropomorfismo. Os cientistas, em geral, consideram o antropomorfismo um verdadeiro pecado mortal e criticam quem o utiliza. Cientistas estudam e compreendem os processos da Natureza por meio da observação e do desenvolvimento de hipóteses sobre seu funcionamento, e, para se certificar de que estão no caminho certo, realizam experiências. Portanto, no caso do corpo humano, criar hipóteses e experiências

11 Bruce Harold Lipton é um biólogo norte-americano do desenvolvimento, notável por suas visões sobre epigenética. Autor das obras: *A biologia da crença - Liberando o poder da consciência, da matéria e dos milagres* (2005); *Evolução espontânea: nosso futuro positivo e uma maneira de chegar lá a partir daqui* (2010); *O efeito lua de mel: A ciência da criação do céu na Terra* (2013), e *A biologia da crença - Edição do 10º Aniversário* (2015); suas pesquisas levam à constatação de que as crenças controlam a biologia humana em vez do DNA e da herança genética, alegações extraordinárias que ainda não receberam atenção da ciência convencional. Lipton tem um bacharelado em biologia, pelo CW Post Campus da Universidade de Long Island, de 1966, e um doutorado em biologia do desenvolvimento, pela Universidade da Virgínia, de 1971. Já deu aula em cursos de medicina de várias universidades e trabalhou com clonagem de células.

12 *A biologia da crença*, Bruce H. Lipton.

requer mecanismos de "raciocínio" sobre como as células ou outros organismos vivem.

Ao mesmo tempo, a partir do momento que os homens da ciência aplicam soluções e pontos de vista "humanos" para desvendar os mistérios da vida estão praticando antropomorfismo. É por isso que, por exemplo, nas questões religiosas, o entendimento de Deus, praticado pela cultura judaico-cristã, é a de um "Deus antropomórfico", já que O entendem como um Ser com sentimentos, como amor, raiva, paternalista e capaz de perdoar, ou julgar e condenar, e que nos fez à sua imagem. Portanto, provavelmente, teria uma "cara" humana.

Não importa quanto se discuta o assunto, a ciência possui características humanas. Talvez a crítica ao antropomorfismo ainda seja remanescente da Idade Média, quando os líderes religiosos negavam qualquer relação entre os seres humanos e as outras espécies criadas por Deus, a visão de que somos humanos, o resto são "criaturas", conceito exacerbado por algumas vertentes da religião protestante, para as quais, inclusive, seres humanos podem perder seu *status* de humano, caso não se convertam a determinada denominação religiosa.

Mas como somos todos organismos multicelulares, podemos ter muito em comum em termos de comportamento, se comparados às nossas próprias células, mesmo porque vivemos, todos os organismos vivos, sob certas leis naturais, que nos obrigam a nos alimentar, respirar, reproduzir, descansar etc. Existe uma base biológica sobre a qual a vida na Terra funciona e ela é mais ou menos a mesma para todo organismo vivo.

Mas é óbvio que é necessário um tipo diferente de percepção quando se trata de estabelecer paralelos desse tipo. Historicamente, nossas crenças judaico-cristãs nos levaram a acreditar que nós somos seres inteligentes e criados por meio de um processo diferente e totalmente distinto daqueles utilizados para plantas e animais. Isso nos faz sentir superiores em relação a todas as formas de vida menos inteligentes, especialmente os organismos que se encontram em posições menos elevadas da cadeia evolutiva.

Mas esse conceito está totalmente fora da realidade. Quando observamos outros seres humanos como entidades individuais ou consideramos nós mesmos organismos únicos ao vermos nossa imagem refletida em um espelho, estamos corretos de certa forma, ao menos em nível de observação.

Mas, quando nós nos reduzimos ao tamanho de uma célula para analisar nosso próprio corpo sob a perspectiva celular, passamos a ver o mundo sob uma nova perspectiva. Não nos vemos mais como uma entidade única e sim como uma comunidade de mais de 70 trilhões de células.

Na biblioteca do Colégio Santo Agostinho eu podia encontrar obras sobre quase qualquer assunto. Frequentemente, nos horários de intervalo, eu escolhia um volume e me sentava para folheá-lo. Em algum momento acabei por ter em mãos um livro que tratava de anatomia, mesmo porque era assunto abordado na grade curricular das aulas de biologia. E no próprio laboratório da escola tínhamos um esqueleto humano para estudo.

Como toda boa obra de anatomia, acabava por mostrar o corpo humano de homens e mulheres em detalhes. Começava por uma imagem dos corpos nus com as denominações de cada parte visível, e em imagens subsequentes os mesmos corpos, porém sem a pele, com os detalhes da musculatura. E, a cada página virada, viam-se detalhes diferentes, como o esqueleto, o cérebro, a estrutura nervosa, o sistema circulatório e os órgãos internos.

Posteriormente descobri ser esse processo chamado de reducionismo, ou seja, reduzir o todo em partes cada vez menores, de modo a facilitar o entendimento de como funcionam. Assim, a ciência tradicional divide o corpo humano em órgãos; depois, em células, e, por fim, deixamos de ser humanos e nos tornamos moléculas, átomos, elétrons, prótons e uma infinidade de outros elementos infinitesimais. Processo que se iniciou na Idade Média, com a dissecação de cadáveres e que deu o pontapé inaugural na ideia, hoje amplamente aceita, embora altamente questionável, de que tratando partes isoladas do corpo humano podemos alcançar o equilíbrio total do organismo.

Mas, voltando à ideia inicial de Emmanuel e o dr. Lipton, de que uma célula poderia funcionar como um ser humano, em tese organelas celulares equivaleriam aos tecidos e órgãos do corpo humano.

Os mecanismos bioquímicos utilizados pelos sistemas de organela celular são basicamente os mesmos utilizados por nosso corpo e, embora sejamos compostos de trilhões de células, não há necessariamente uma função em nossos corpos que não esteja presente também nos das células. Cada célula que contém um núcleo, possui uma estrutura funcional equivalente aos nossos sistemas nervoso, digestivo, respiratório, excretor, endocrinológico, muscular, esquelético, circulatório, tegumentar (pele), reprodutivo e até mesmo algo parecido com nosso sistema imunológico, porém mais primitivo, que utiliza uma família de proteínas semelhantes a anticorpos.

Percebem que até agora não saí da sala de aula de biologia do ensino médio?

Cada célula é como um ser inteligente e que sobrevive por conta própria, e isso os cientistas já demonstraram retirando células individuais do corpo para mantê-las em cultura separada. Não há novidade alguma nisso.

As células que possuem um propósito de vida inteligente e agem ativamente, estas procuram ambientes que sejam adequados à sua sobrevivência e evitam todos os que possam ser tóxicos ou hostis. Da mesma maneira que nós, humanos, fazemos. Analisamos as centenas de estímulos que recebemos do microambiente que habitamos para selecionar as respostas comportamentais mais adequadas e garantir não só a nossa sobrevivência, mas uma melhor qualidade de vida.

As células também são capazes de aprender com as experiências que vivenciam em seu ambiente e de criar uma espécie de "memória" que é passada aos seus descendentes. Ora, quem nunca tomou uma vacina?

Quando o vírus da catapora infecta uma criança, suas células ainda não amadurecidas são colocadas em ação para criar um anticorpo de proteína protetor e combatê-lo. Nesse processo, as células criam um novo gene que servirá de padrão para a fabricação de anticorpos contra a catapora. O primeiro passo para gerar um gene de anticorpos ocorre no núcleo das células imunológicas imaturas. Em seus próprios genes há um grande número de segmentos de DNA que, recombinados, criam uma vasta gama de genes que formam um novo anticorpo. Então, quando uma célula imune imatura produz uma proteína de anticorpos que seja um complemento físico "semelhante" ao do vírus da catapora, aquela célula é ativada.

As células criam então um "arquivo" das informações genéticas desse anticorpo para que todas as vezes que o organismo for invadido pelo vírus da catapora elas possam responder imediatamente.

Pesquisas de Edward J. Steele[13] têm mostrado que o novo gene de anticorpos também pode ser passado a todas as novas gerações em seu processo de divisão. Assim, elas não apenas "aprendem" sobre o vírus da catapora como criam um "arquivo" a ser herdado e propagado entre a sua prole. Este magnífico processo de engenharia genética é de extrema importância, pois representa um mecanismo de "inteligência" inata que permite às células desenvolverem-se.

---

13 Edward J. Steel é um imunologista molecular australiano, com interesses em virologia e evolução.

04 Inteligência gera inteligência

NÃO DEVERIA SER uma surpresa para nós o fato de as células serem tão inteligentes. Uma das minhas áreas de formação é a antropologia. Os organismos unicelulares foram a primeira forma de vida deste planeta. Somente 600 milhões de anos mais tarde, de acordo com análises, é que os fósseis surgiram na Terra. Ou seja, durante os 2,75 bilhões de anos da história da Terra, os únicos habitantes vivos foram os organismos unicelulares, como bactérias, algas e protozoários semelhantes a amebas. Então, há 750 milhões de anos, esses organismos descobriram como evoluir e se tornar ainda mais inteligentes. E surgiram os primeiros organismos multicelulares, na forma de plantas e animais.

O espírito André Luiz narra que, sobre esse tempo, na Terra, em momento oportuno, estando habilitada a receber as sementes da vida ao adquirir clima ameno, sob o impulso das inteligências construtoras do orbe, encheram-se os mares de mônadas[14], que foram

14 *Mônada* é um termo mais filosófico do que físico, de origem provavelmente pitagórica, usado na filosofia antiga para designar os elementos simples de que o universo é composto. Platão aplica o termo mônada às ideias ou formas. *Mônada* é um conceito, retomado ao início do pensamento moderno (Nicolau de Cusa, Giordano Bruno), vindo a ter um papel central na metafísica de Leibniz. Para Leibniz, "*mônada* é uma substância simples que faz parte das compostas; simples quer dizer sem partes (...) ora, onde não há partes, não há extensão, nem figura, nem di-

magnetizadas por milênios, pelos trabalhadores espirituais, até que surgisse o protoplasma, que seria a base da vida organizada. Assim, sobrevieram os vírus e, com eles, nucleoproteínas e globulinas, a divisão cariocinética e, então, as bactérias rudimentares[15].

Assim, no início, eram apenas comunidades esparsas ou "colônias" de organismos unicelulares, constituídas de centenas de células. Mas as vantagens evolucionárias de viver em comunidade fizeram com que, em pouco tempo, as colônias se transformassem em organizações de milhões, bilhões ou mesmo trilhões de células individuais interagindo entre si. Embora cada célula tenha dimensões microscópicas, o tamanho dessas comunidades pode variar até que elas se tornem bem visíveis.

Os biólogos classificam essas comunidades de acordo com a estrutura observada pelo olho humano. Um ser humano parece ser entidade única, mas é, na verdade, uma associação organizada de trilhões de células. A exigência evolucionária de que fossem criadas mais comunidades celulares é meramente um reflexo da imperiosa necessidade de sobrevivência.

E por incrível que pareça, isso tem a ver com consciência. Quanto mais consciência um organismo tem do ambiente que o cerca, melhores são suas chances de sobreviver. Quando as células se agrupam, aumentam exponencialmente sua consciência do meio ambiente. Assim, se para cada célula dermos um valor, toda colônia de organismos terá uma consciência potencial de, pelo menos, a quantidade de vezes o número de células que a compõe.

Para sobreviver em densidade tão alta, as células tiveram de criar ambientes estruturais próprios e o método mais eficiente é ter indivíduos especializados para cada tarefa. No desenvolvimento dos animais e das plantas, as células adquirem as funções específicas ainda na fase embrionária. O processo de especializa-

---

visibilidade possível. E mônadas são os verdadeiros átomos da natureza, em uma palavra, os elementos de todas as coisas." O espírito André Luiz trata as mônadas em suas narrativas como princípios primitivos, potenciais geradores da vida.

15 *Evolução em dois mundos*, de André Luiz, psicografado por Francisco Cândido Xavier, capítulo 3, Evolução e corpo espiritual.

ção permite que se desenvolvam determinados tecidos e órgãos do corpo.

Com o passar do tempo, esse padrão de "diferenciação" passa a fazer parte dos genes de cada célula, aumentando a eficácia do organismo e sua habilidade de sobreviver. É por isso que os cientistas estão bastante empolgados com as possibilidades de uso das células-tronco, que são células imaturas e indiferenciadas, que apresentam duas características fundamentais: habilidade de renovar sua população e de se diferenciar em células maduras e funcionalmente especializadas, ou seja, podem se "transformar" em qualquer tecido ou órgão do corpo.

Em nosso organismo há uma pequena porcentagem das células responsáveis pela leitura e resposta aos estímulos do ambiente, que são as células especializadas que formam os tecidos e órgãos do sistema nervoso. A função do sistema nervoso é captar as informações do ambiente e coordenar o comportamento de todas as outras células em sua vasta comunidade.

A divisão de trabalho entre as células oferece ainda outra vantagem já que, para sobreviver, as células consomem certa quantidade de energia. Portanto, nem todas as células precisam consumir a mesma quantidade de energia, já que, quanto menor o gasto, maiores serão as chances de sobrevivência do grupo e melhor será sua qualidade de vida.

Fica muito claro quando avaliamos, por exemplo, o consumo das células que compõem o encéfalo humano. O cérebro utiliza cerca de 25% de toda energia disponível em nosso organismo. Há um pico de consumo, imprescindível para a manutenção de nossa inteligência, e, para sustentá-lo, evoluímos de modo que nosso organismo passasse a desviar a energia dos músculos para os neurônios. O organismo de um gorila gasta apenas 8% de sua energia com o cérebro. Assim, seu organismo pode distribuir os recursos disponíveis de maneira mais homogênea. Por isso nunca devemos entrar em confronto físico com um desses símios, que facilmente nos esmagaria o crânio, com um simples golpe.

05 Evolução

EMBORA DARWIN TENHA sido o mais famoso dos evolucionistas, o primeiro cientista a estabelecer a evolução como um fato foi o francês Jean-Baptiste de Lamarck. Inclusive, Allan Kardec, o eminente codificador do espiritismo, teve no cientista uma grande referência para seu modo de pensar.

Lamarck não apenas apresentou sua teoria 50 anos antes de Darwin, como ofereceu uma explicação menos drástica para os mecanismos da evolução. Basicamente ele acreditava que:

1. A tendência dos seres para um melhoramento constante rumo à perfeição, um aumento da complexidade dos seres menos desenvolvidos aos mais desenvolvidos; esta tendência seria uma força externa, semelhante a atração gravitacional, que se agisse isoladamente geraria uma linha contínua e progressiva.

Um pensamento muito alinhado ao que os espíritos superiores respondem a Allan Kardec, no capítulo sobre a Lei de Progresso, quando dizem que: "Há o progresso regular e lento, que resulta da força das coisas. Quando, porém, um povo não progride tão depressa quanto deveria, Deus o sujeita, de tempos a tempos, a um abalo físico ou moral que o transforma[16]." Ou, seja, a "tendência", avaliada por Lamarck, é a lei divina do progresso, inerente às coisas e aos seres vivos.

2. Porém, esta tendência não atua sozinha na evolução; há a lei do uso e desuso que conjugada com a transmissão dos caracteres adquiridos provoca desvios na linha evolutiva.

Um outro conceito muito atual e correto. Os órgãos que utilizamos evoluem; os que não utilizamos, atrofiam. Atualmente temos partes do organismo que, apesar de existirem, apresentam-se inúteis e tendem a desaparecer de nossa espécie, como o apêndice.

3. O naturalismo depende dos seres vivos para uma base científica e democrática por espécies de seres incompreensíveis por natureza.

Um dos pontos altos da teoria de Lamarck, esse terceiro ponto, é importante para entendermos que as regras do funcionamento da vida são determinadas pelos próprios organismos vivos, com a premissa de que as regras científicas, no caso das disciplinas que estudam a evolução dos seres vivos, poderiam modificar-se a qualquer momento, a partir do ponto que novos organismos, com novas classificações, fossem surgindo na Terra, como fruto da evolução e adaptação dos seres às mudanças naturais de ecossistemas e do planeta como um todo.

Sua teoria diz que a evolução está baseada em uma interação cooperativa entre os seres vivos e seu meio ambiente, que lhes permite sobreviver e evoluir em um mundo dinâmico. Afirmava que os seres passam por adaptações necessárias à sua sobrevivência em um ambiente que se modifica constantemente. O mais interessante é que a hipótese de Lamarck sobre os mecanismos da evolução se ajusta muito bem à explicação moderna sobre como nosso sistema imunológico se adapta ao meio ambiente.

---

16 *O Livro dos Espíritos*, de Allan Kardec, questão 783.

Porém, a teoria de Lamarck foi duramente criticada pela Igreja. O conceito de que os seres humanos evoluíram a partir de formas de vida mais primitivas foi considerado heresia. Lamarck também não recebeu o apoio de seus colegas cientistas.

A hipótese de Lamarck era que as mudanças evolucionárias levam "imensos períodos de tempo"[17], algo difícil de ser testado, e posteriormente Darwin concordaria com essa proposta, chegando a afirmar *natura non facit saltum*[18], sete vezes ao longo de sua grande obra prima: *A origem das espécies*.

Hoje, a teoria de Lamarck está sendo reavaliada sob uma nova perspectiva, que não considera totalmente erradas as suas ideias nem totalmente corretas as de Darwin e inúmeras experiências científicas já mostram as relações simbióticas que existem na Natureza.

O estudo desses relacionamentos é um ramo da ciência que está se expandindo rapidamente, chamado biologia de sistemas. O mais irônico nessa questão é que nas últimas décadas temos combatido os mais diversos microrganismos, usando os mais diferentes produtos químicos, de sabonete antibacteriano a antibióticos, ignorando o fato de que diversas bactérias são essenciais para a nossa saúde. Um exemplo clássico de como os seres humanos se beneficiam dos microrganismos é o das bactérias presentes em nosso sistema digesti-

---

17 Um biólogo de desenvolvimento, o alemão August Weismann, foi ainda mais longe quando fez testes para provar que, ao contrário do que Lamarck dizia, os organismos não transmitem traços ou aprendizado sobre sobrevivência adquiridos em sua interação com o ambiente. Em uma de suas experiências, cortou a cauda de um casal de ratos e os colocou juntos para que procriassem. Dizia que, se a teoria de Lamarck estivesse correta, os pais transmitiriam à prole a ausência de cauda. Mas os filhotes nasceram com cauda normal. Weismann repetiu então a experiência com 21 gerações, mas nenhum filhote nasceu sem cauda, o que o levou a concluir que a teoria de Lamarck estava errada. A experiência de Weismann, porém, não testava realmente a teoria de Lamarck, que em verdade até aceitava que os ratos poderiam perder seus rabos, caso não houvesse razão natural para conservá-los, e, mesmo assim, ao longo de milhares ou até milhões de gerações. Apesar de todas as falhas, o estudo dos ratos sem cauda ajudou a destruir a reputação de Lamarck, que acabou sendo ignorado. Como acontece com muitos cientistas pioneiros, foi duramente criticado e rejeitado, tendo seu trabalho revisto e valorizado só um século depois da publicação de *A origem das espécies*.

18 A Natureza não dá saltos.

vo, essenciais para a nossa sobrevivência. Agindo em nosso estômago e trato intestinal, elas ajudam a digerir os alimentos e permitem a absorção das vitaminas que mantêm nossa saúde.

Esta cooperação entre micróbios e humanos é o motivo pelo qual o uso desenfreado de antibióticos pode comprometer a sobrevivência de nossa espécie. Esses medicamentos eliminam microrganismos nocivos ao homem, mas também matam indiscriminadamente aqueles que são essenciais para a nossa saúde.

Outras formas de adaptação e reajuste de espécies estão sendo estudadas pelos especialistas, mas ainda em fase preliminar. Já foram encontrados organismos que trocam genes entre si, como forma de adaptação e sobrevivência, e alguns estudos sobre o resultado de alimentos transgênicos revelaram que nossa flora intestinal está se adequando e modificando em contato com esses novos alimentos, embora não haja definições quanto ao impacto dessas modificações em nossa saúde. Inclusive estão sendo desenvolvidos tratamentos para depressão baseados em cuidados com os microorganismos existentes na flora intestinal.

06 Ambiente

DURANTE O PERÍODO em que lecionei o curso do Estudo Sistematizado da Doutrina Espírita, numa casa espírita, pude observar um fenômeno interessante. O curso, com previsão para durar três anos, tinha o duplo objetivo de transmitir aos alunos os pontos principais do espiritismo e ao mesmo tempo formar trabalhadores para a instituição. Em tese, ao final do terceiro ano, esse estudante teria uma visão geral dos principais fundamentos da doutrina espírita e já poderia atuar em qualquer departamento da casa, nas tarefas para as quais mostrasse aptidão.

E todos os anos os mesmos processos se repetiam. A primeira turma sempre apresentava pessoas com perfis muito heterogêneos entre si. Jovens lado a lado com idosos, casais com filhos lado a lado com pessoas solteiras, bacharéis lado a lado com quem mal tinha concluído o ensino médio. Empresários lado a lado com simples donas de casa. Evangélicos e católicos ao lado de espíritas.

Naturalmente, o primeiro ano do curso era o mais sensível, e todos os assuntos doutrinários precisavam ser abordados com muito cuidado. Não raro os alunos formavam grupos isolados, mal misturando-se entre si e constantemente viam-se olhares reprovadores ou cochichos e chacotas silenciosas quando alguém fazia muitas perguntas ou apresentava ignorância sobre certo assunto.

Mas, como todos fossem iniciantes nos assuntos doutrinários, com o passar dos dias, havia um nivelamento natural entre os estudantes. Os diplomas e títulos passavam a valer muito pouco e as experiências pessoais passavam a ser fonte de ricas reflexões. Quem lia mais livros espíritas, destacava-se. Não raro os mais críticos e orgulhosos calavam-se e os mais humildes ganhavam espaço, com sua simplicidade. A competitividade vista no início do semestre, a expressão literal do modelo darwiniano, dava lugar à união de esforços e todos se transformavam em uma equipe. De repente, aqueles que tinham carro estavam dando carona àqueles que andavam a pé, trocavam livros, viam-se fora do ambiente da casa espírita e construíam laços pessoais. Os mais capazes ajudavam os mais fracos e, como consequência, todos se fortaleciam.

Na verdade, penso que o formato do curso é que causou esse resultado, tão positivo. Mas não esqueço de Emmanuel e sua visão de que as células podem ser comparadas à população de um reino. Vejo que boa parte do bom desempenho desses alunos ocorreu porque eles modificaram sua atitude e passaram a agir de maneira diferente da maioria das pessoas da sociedade, ao adotar o princípio das células, que se unem para viver melhor e evoluir, e fico feliz por ter participado desse desenvolvimento.

Outro motivo para esse bom desempenho, penso eu, é o fato de que eu os enaltecia. Sentiam-se motivados quando exaltava a capacidade que cada um tinha. E isso me despertou para o fato de que muitos de nós vivemos de maneira limitada, não por falta de alternativas, mas talvez por acreditar que elas não existem.

Irv Konigsberg, um dos primeiros biólogos celulares a dominar a arte da clonagem de células-tronco, explicou que, quando havia algo de errado com as células que estudava, ele analisava primeiro o ambiente em que elas se encontravam, e não apenas as células, para descobrir a causa do problema.

Essa se trata de uma questão-chave para compreendermos a essência da vida.

Toda vez que estabelecia um ambiente saudável para a cultura de células, elas se tornavam mais resistentes. Mas se algo no ambiente não era favorável, elas logo se enfraqueciam. Bastava fazer alguns ajustes para tornar o ambiente mais propício e elas voltavam a se revitalizar.

No entanto, esse não é um resultado aceito unanimemente pela comunidade científica. Na verdade, o problema da indiferença dos cientistas em relação ao ambiente é a ênfase exagerada no determinismo genético, a crença de que os genes controlam o organismo. O que é bem "cômodo", aliás, para as criaturas! Afinal, se alguém acredita que os genes controlam sua vida e que são programados desde o momento da concepção, essa pessoa tem uma boa desculpa para se considerar uma vítima da hereditariedade, culpando os genes dos pais e avós pelas suas enfermidades e tendências. Quem nunca ouviu alguém dizer que tal criança "puxou do pai" ou "faz igualzinha a avó", ignorando o fato de que em uma mesma família nascem espíritos muitas vezes de hábitos e trejeitos muito semelhantes para educarem-se no ambiente comum?

Desde que se iniciou a era da genética, temos sido levados a crer que não há como lutar contra aquilo para o que fomos programados. O mundo está cheio de pessoas com medo de que seus genes possam se voltar contra elas. Imagine o número de indivíduos que se consideram verdadeiras bombas-relógio, com medo de que o câncer se desenvolva em seu organismo a qualquer momento só porque isso aconteceu com seus pais, irmãos ou tios?

Em 2013, a atriz Angelina Jolie publicou um artigo no *New York Times* sobre sua decisão de fazer uma mastectomia dupla. Jolie vivera anos sob a sombra ameaçadora de um câncer de mama, pois tanto sua mãe como sua avó morreram relativamente jovens por causa dessa doença. A própria Jolie tinha passado por um teste genético que demonstrou ser ela portadora de uma perigosa mutação do gene BRCA1. Segundo pesquisas estatísticas recentes, mulheres portadoras dessa mutação apresentam 87% de probabilidade de desenvolver câncer de mama. No artigo, Jolie explica: "Decidi não manter minha história na privacidade porque há muitas mulheres que ignoram a possibilidade de estarem vivendo à sombra do câncer. Minha esperança é de que elas, também, possam fazer o teste genético e que, se estiverem na faixa de alto risco, saibam que dispõem de opções fortes".

É claro que as emoções de Jolie e sua personalidade única tiveram parte nisso. Outra mulher, com uma personalidade diferente, que descobrisse ser portadora da mesma mutação genética, poderia muito bem decidir não se submeter a uma mastectomia. Outros atribuem sua falta de saúde não apenas a uma combinação de fatores mentais, físicos, emocionais e espirituais, mas também a falhas no mecanismo bioquímico de seu organismo. Quando não se comportam bem na infância, a primeira reação dos médicos é corrigir o "desequilíbrio químico" da criança por meio de medicamentos, em vez de tentar descobrir o que há de errado com seu corpo, mente ou espírito.

A maioria das pessoas vem a este mundo com uma carga genética capaz de lhes proporcionar uma vida muito feliz e saudável. Vivemos em um mundo de expiação e provas, é verdade, mas devemos entender que há muito mais provas do que expiações, numa proporção bem desigual, em que talvez 90% da humanidade esteja "provando" enquanto apenas 10% realmente "expiando".

Doenças que ainda não têm cura, como diabetes, problemas cardíacos e câncer, podem destruir a vida de muitos, mas são o resultado de complexas interações entre genes múltiplos, fatores ambientais e acúmulos reencarnatórios. O que pensar então das manchetes sensacionalistas anunciando a descoberta de um gene para cada doença, de depressão a esquizofrenia?

Os cientistas associaram diversos genes a diferentes doenças e características, mas ainda não chegaram à conclusão de que um simples gene possa ser a fonte delas. A confusão ocorre porque a mídia deturpa o sentido de dois termos muito importantes: correlação e causa.

Uma coisa é dizer que um fator está relacionado a uma doença; outra é dizer que ele é a *causa* dela, pois isso envolve uma ação direta. Se eu lhe mostrar um molho de chaves e disser que uma delas "controla" meu carro, você vai achar que faz todo o sentido, pois sabe que é necessário usar uma chave para dar partida em um automóvel. Mas será que a chave realmente "controla" o carro? Se fosse assim, não se poderia deixar a chave no carro porque ela iria querer passear sozinha com ele quando você não estivesse por perto. A chave está "relacionada" com o controle do carro; a pessoa que a tem nas mãos tem controle sobre ele.

Da mesma maneira, determinados genes estão relacionados ao comportamento de um organismo e às suas características. No entanto, permanecem em estado passivo a menos que uma força externa aja sobre eles. Como afirma o espírito André Luiz: "Não podemos olvidar que a imprudência e o ócio se responsabilizam por múltiplas enfermidades, como sejam os desastres circulatórios provenientes da gula, as infecções tomadas à carência de higiene, os desequilíbrios nervosos nascidos da toxicomania e a exaustão decorrente de excessos vários". E, pouco depois: "É assim que o remorso provoca distonias diversas em nossas forças recônditas, desarticulando as sinergias do corpo espiritual, criando predisposições mórbidas para essa ou aquela enfermidade, entendendo-se, ainda, que essas desarmonias são, algumas vezes, singularmente agravadas pelo assédio vindicativo dos seres a quem ferimos, quando imanizados a nós em processos de obsessão".[19]

Mas o que a ciência oficial diz sobre a força que pode ativar os genes?

Na verdade, a ideia de que os genes controlam nosso organismo é apenas uma suposição jamais comprovada e até questionada pelas descobertas científicas mais recentes. Muitos querem acreditar que os engenheiros geneticistas são os novos "mágicos" da medicina e que vão curar as doenças com uma mesma maestria genial. Mas as palavras do espírito André Luiz estão sendo comprovadas, e, quando determinada característica de um gene é estimulada pelo ambiente, ela é ativada. O gene não se manifesta por si só. Ou seja, quando se trata de controle genético, o que fala mais alto é nosso comportamento, ou seja, o ambiente.

---

19 *Evolução em dois mundos*, de André Luiz, psicografado por Francisco Cândido Xavier, capítulo 19, Predisposições mórbidas.

07 O elemento da moda – e da vida

É INEGÁVEL QUE a proteína está na moda. Seja nos alimentos do dia a dia, principalmente na carne e no ovo, em pequenas refeições em marmitas, seja em *shakers* com proteína em pó ou até em barras, a onda *fitness* que vem tomando conta do mundo colocou essa palavra na boca de quase todo mundo, relacionando essa molécula com beleza e saúde.

Mas o que é proteína, afinal?

Relembrando mais uma vez as lições do ensino médio, as proteínas são substâncias formadas por um conjunto de aminoácidos unidos entre si através de ligações peptídicas. Os aminoácidos são moléculas formadas por carbono, hidrogênio, oxigênio e nitrogênio. Existem apenas 20 tipos de aminoácidos que se combinam de forma variada para formar diferentes proteínas. Chamamos de polipeptídio uma cadeia longa de aminoácidos. Cada proteína é formada por uma ou mais cadeias polipeptídicas.

Mas, como nosso objetivo não é nos graduarmos em química orgânica, basta que saibamos, em resumo, que as proteínas são substâncias que exercem as mais diversas funções no organismo. Não existe nenhum processo biológico em que uma proteína não esteja envolvida. Dentre as funções mais importantes atribuídas às proteínas podemos citar que: atuam como enzimas, capazes de acelerar uma determinada reação química, como a amilase salivar, que atua na quebra de amido, e a lactase, que atua na quebra de lactose; contribuem com a contração muscular, que só ocorre graças à ação de duas proteínas: a miosina e a actina; compõem os hormônios, que atuam nas mais diversas funções do organismo, como a insulina; formam anticorpos, ou seja, proteínas atuam na defesa do nosso corpo; estão nos processos de coagulação, afinal, a fibrina, que é uma proteína, forma uma rede que impede a passagem do sangue; transportam oxigênio, pois a hemoglobina é uma proteína. Biologicamente, proteína é uma das grandes responsáveis pela vida!

De maneira bastante simplificada, o que distingue os organismos vivos é a capacidade de se moverem, ou seja, o fato de serem entidades animadas. A energia que permite seus movimentos é responsável por todo o "trabalho" que caracteriza a vida dos organismos, como a respiração, a digestão e a contração muscular. Para entendermos melhor a natureza da vida, precisamos compreender um pouco sobre o funcionamento da proteína. Nesse ponto é que a coisa começa a ficar interessante.

O espírito André Luiz[20] explica que a Terra é um magneto de gigantescas proporções, constituído de forças atômicas, em várias combinações, que compõem o chamado campo eletromagnético. Sendo uma característica da vida, o movimento, naturalmente toda agitação produz ondas.

Uma onda é uma forma de energia realimentada continuamente por uma fonte de origem, sendo que a fonte primordial de qualquer irradiação é o átomo ou partes dele em movimento ou agitação, lançando raios ou ondas que se manifestam, de acordo com as oscilações emitidas. Dessa forma, oscilando de maneira integral, os átomos lançam de si ondas que produzem calor e som, luz e raios gama, através de inumeráveis combinações.

Uma frase que emitimos, ou um instrumento que tocamos, vibra criando ondas sonoras; um secador de cabelo espalha ondas caloríficas; a lâmpada exterioriza ondas luminosas o rádio trabalha com ondas elétricas. Em suma, toda inquietação, todo movimen-

---

20 *Mecanismos da mediunidade*, de André Luiz, psicografado por Francisco Cândido Xavier, capítulo 2, Conquistas da microfísica.

to, se propaga em forma de ondas, através dos diferentes corpos da Natureza.

As ondas são avaliadas segundo o comprimento em que se expressam, dependendo do emissor, como, por exemplo, uma vara fina que toca as águas de um lago provoca ondas pequenas, ao passo que um tronco de madeira lançado no mesmo lago fará ondas muito maiores. As ondas eletromagnéticas são sempre da mesma forma.

O ser humano está inserido nas faixas desse imenso campo, em que, cada vez mais, a ciência tem descoberto que a matéria se comporta como um feixe de forças em temporária associação; somente assinala as ondas que se lhe afinam com o modo de ser.

As informações do benfeitor espiritual tomam proporções ainda maiores quando observamos as experiências científicas que relacionam eletromagnetismo e a função das proteínas. O formato final de uma molécula de proteína é o resultado do estado de equilíbrio entre suas cargas eletromagnéticas. Mas se as cargas positiva e negativa das proteínas são alteradas, sua configuração muda drasticamente de posição para ajustá-las à nova distribuição de energia. A distribuição dessa carga eletromagnética pode ser seletivamente alterada por diversos processos: ligação com outras moléculas ou grupos químicos como os hormônios, remoção enzimática ou adição de íons carregados ou mesmo a interferência de campos eletromagnéticos como aqueles emitidos por telefones celulares.

08 O DNA é realmente tão importante?

A IMPORTÂNCIA DO DNA começou com Darwin, que, em *A origem das espécies*, sugeria que os fatores "hereditários" eram passados de geração em geração, controlando as características de cada uma delas. A influência dessa teoria foi tão grande que os cientistas acabaram concentrando suas pesquisas em identificar o material hereditário que acreditavam ser a base da vida.

Em 1910, análises microscópicas revelaram que as informações hereditárias que passavam de uma geração para outra estavam nos cromossomos. Os cientistas, então, isolaram o núcleo da célula, dissecaram os cromossomos e descobriram que os elementos hereditários eram compostos de apenas dois tipos de moléculas: proteína e DNA.

A compreensão das funções dos cromossomos se tornou mais clara em 1944, quando os cientistas determinaram que era o DNA que continha as informações hereditárias[21]. Faltava, então, desvendar a estrutura e as funções daquela molécula milagrosa. No en-

21 Numa experiência, isolaram o DNA de uma espécie de bactéria e o adicionaram a culturas que continham apenas bactérias de outra espécie. Em pouco tempo, as bactérias da segunda espécie começaram a apresentar traços hereditários que antes só existiam na primeira. Quando se descobriu que não era necessário nenhum outro elemento além do DNA para transmitir traços de uma espécie para a outra, as moléculas de DNA se transformaram em "estrelas" da ciência.

tanto, já havia sido criado o pressuposto de que o DNA controla a vida, ou o determinismo genético. Como as características de um organismo vivo são definidas pela natureza de suas proteínas, e o código delas está no DNA, aparentemente fez todo o sentido, para os cientistas, dizer que ele é sua "causa" ou fator determinante.

O projeto Genoma Humano[22] foi um esforço científico global para classificar todos os genes da nossa composição orgânica. Tratava-se de um projeto ambicioso e de grandes proporções. O gene é a unidade funcional da hereditariedade, onde estão presentes os ácidos nucleicos, portadores de informações genéticas que proporcionam a diversidade entre os indivíduos. O gene é formado por uma sequência de DNA e RNA[23], sendo este último responsável pela síntese de proteínas da célula.

Mas os geneticistas tiveram um grande choque ao descobrir que, ao contrário de sua estimativa inicial, de que teríamos centenas de milhares de genes que nos definiriam as características, mais de 80% do que se presumia ser DNA não tinha valor.

A falta desses genes causou mais impacto do que se poderia supor.

Os cientistas tiveram que aceitar que não éramos superiores a nenhum verme ou planta em termos de complexidade orgânica ou número de genes. Os resultados do projeto Genoma revelaram que humanos e ratos têm aproximadamente o mesmo número de genes. Com isso, o projeto Genoma Humano veio abaixo e todos os nossos conceitos sobre o funcionamento básico da vida tiveram de ser revistos. A comunidade científica foi silenciando-se sobre o termo e os meios de comunicação deixando de transmitir notícias sobre o assunto. Não era mais possível continuar acreditando que a engenharia genética iria resolver todos os dilemas biológicos. Não há genes suficientes para compor um quadro tão complexo quanto a vida ou doenças humanas.

Enquanto o projeto Genoma Humano figurava em todas as manchetes, paralelamente um grupo de cientistas iniciava um novo cam-

22 Seu início foi em 1980.
23 Ácido ribonucleico.

po de estudo chamado epigenética. Essa ciência vem trazendo novos conceitos sobre a vida. Na última década, as pesquisas epigenéticas estabeleceram que os padrões de DNA passados por meio dos genes não são definitivos, isto é, os genes não comandam nosso destino.

Influências ambientais como nutrição, estresse e emoções podem influenciar os genes ainda que não causem modificações em sua estrutura. Os epigeneticistas já descobriram que essas modificações podem ser passadas para as gerações futuras da mesma maneira que o padrão de DNA.

Não há dúvida de que as descobertas epigenéticas estão deixando para trás as descobertas genéticas. A epigenética também deixa claro que há dois mecanismos pelos quais os organismos transmitem suas informações hereditárias. Ambos permitem aos cientistas estudar tanto as contribuições da Natureza (genes) quanto as do aprendizado (mecanismos epigenéticos) sobre o comportamento humano.

Nesse ponto, o desdobramento das palavras de Emmanuel, que nos sugere a possibilidade de eliminarmos da Terra grandes chagas de fundo moral, como o câncer e a hanseníase; ou do espírito André Luiz, quando nos diz quanto o remorso pode comprometer o veículo físico, parecem adquirir um sentido extra, não apenas pela redução das expiações em nossas futuras reencarnações, pelo progresso moral, mas também na melhoria do corpo físico para a reencarnação das gerações futuras.

Sabemos agora que as regulagens geradas pelo meio ambiente podem ser passadas de geração em geração. Um estudo mostra, por meio de experiências com ratos, que um ambiente rico pode ter influência mais forte que as mutações genéticas[24]. Nesse estudo, cientistas observaram os efeitos de suplementos dietéticos sobre uma espécie de ratas mestiças, por natureza obesas, diabéticas e com tendência a desenvolver problemas cardiovasculares. Ao entrar em contato com o DNA, esses nutrientes modificaram as características das proteínas cromossômicas reguladoras. Assim, o DNA alterado pôde impedir ou modificar a atividade do gene. Seus filhotes, que naturalmente herdariam as mesmas condições genéticas, nasceram

24 http://discovermagazine.com/2006/nov/cover

sem as tendências que levariam às enfermidades. Nem a pelagem seguiu a mesma cor da espécie.

Mas esse foi apenas um experimento de vários outros. Tais descobertas estão abalando as modernas certezas biológicas e sociais sobre genética e identidade. Comumente aceitamos a noção de que, através do nosso DNA, estamos destinados a ter determinadas formas corporais, personalidades e doenças. Através do estudo da epigenética, essa noção finalmente pode ser considerada ultrapassada. De repente, parece que temos maior controle sobre nosso legado genético.

Segundo as informações do espírito André Luiz, três fatores básicos incidem sobre nossa vida atual: herança genética dos pais, resgates morais pregressos e resultado do comportamento atual. No entanto, está cada vez mais claro que de modo algum nosso destino está engessado em um programa que estabelecemos antes da reencarnação. Como ele mesmo afirma, o destino pode ser tratado![25]

Por mais que tenhamos reencarnado com uma série de configurações físicas preestabelecidas, seja por nós mesmos no mundo espiritual, seja pelos benfeitores que nos assistem, fica cada vez mais claro que nossos destinos são regulados por nós mesmos. Desde a publicação de *Evolução em dois mundos*, ficamos sabendo que tendência genética é uma possibilidade que pode ou não acontecer. E que disparar o gatilho dos genes responsáveis por certas enfermidades dependia exclusivamente de nós e nossa conduta moral. Atualmente a ciência oficial é que vem nos trazendo essa certeza.

Na verdade, segundo as pesquisas, apenas 5% dos pacientes de câncer ou que apresentam problemas cardiovasculares podem atribuir suas doenças a fatores hereditários. A mídia alardeou a descoberta do gene do câncer de mama, mas deixou de mencionar que 90% dos casos desse tipo de câncer não está associado a genes herdados. A maioria ocorre por alterações induzidas pelo ambiente e não por genes defeituosos.

---

25 *Busca e acharás*, de André Luiz, psicografado por Francisco Cândido Xavier, Tratamento e destino.

As evidências epigenéticas foram tantas que alguns cientistas mais tradicionais começaram a mencionar o nome de Jean-Baptiste de Lamarck, o evolucionista antes tão desdenhado, que acreditava que os traços adquiridos por influência do ambiente podem ser transmitidos. Nos últimos anos, a biologia molecular mostrou que o genoma é mais amplo e suscetível ao ambiente do que se imaginava. Mostrou também que as informações podem ser transmitidas aos descendentes de várias maneiras, não apenas por meio da sequência básica do DNA[26].

26 *Epigenetic inheritance and evolution - the lamarchian dimension* (Herança epigenética e evolução - a dimensão lamarquiana), da filósofa Eva Jablonka e do biólogo Marion Lamb.

09 Célula e vibração

AS PROTEÍNAS PERMITEM que os nutrientes, dejetos e outras formas de "informação" sejam transportados pela membrana celular. Assim, os nutrientes podem entrar e os dejetos são eliminados do citoplasma.

Existem proteínas receptoras nas células, que são como órgãos sensoriais, equivalentes a nossos olhos, orelhas, nariz, papilas gustativas etc. Funcionam como antenas que reagem aos sinais do ambiente.

Um exemplo é o da proteína receptora de estrogênio. Quando há moléculas de estrogênio próximas da célula, as proteínas receptoras se fixam nelas como um ímã. Estabelecido o "vínculo", a carga eletromagnética da receptora se modifica e a proteína se torna ativa, permitindo a absorção de estrogênio. O mesmo ocorre com as receptoras de histamina, que se adaptam e complementam o formato das moléculas de histamina. As receptoras de insulina complementam o formato das moléculas de insulina, e assim por diante.

As proteínas receptoras também captam campos de energia vibracional como luz, sons e frequências de rádio. As "antenas" dessas receptoras de energia vibram como diapasões. Se uma vibração de energia no ambiente fizer vibrar uma "antena" receptora, isso vai alterar a carga da proteína, fazendo com que a receptora mude seu formato[27], como acontece na recepção dos hormônios, como o estrogênio, a histamina, a insulina e tantos outros.

O comportamento celular pode ser controlado por forças "invisíveis", incluindo o pensamento, e também por moléculas físicas, como a penicilina, o que serve de base científica para o desenvolvimento de medicamentos energéticos que não envolvem produtos farmacêuticos.

As proteínas receptoras desenvolvem um trabalho importante, mas não afetam sozinhas o comportamento da célula. Captam os sinais do ambiente para que ela possa decidir qual a melhor reação e comportamento para sua sobrevivência, mas precisam do complemento das proteínas executoras. Agindo em conjunto, as receptoras e executoras formam um mecanismo de resposta a estímulos comparável aos reflexos humanos que os médicos testam durante os exames físicos. Quando a carga elétrica de uma proteína é alterada, ela muda seu formato e nesse processo um canal é aberto em seu interior. O significado disso ainda está sendo avaliado, mas aparentemente parece claro que podemos tornar as células mais permissivas à absorção de certas formas de energia, não apenas química.

Somente nos últimos anos os cientistas perceberam a importância dessas proteínas[28], e seu estudo acabou se tornando um campo específico da ciência chamado "transdução de sinais". Os estudiosos deste ramo estão trabalhando arduamente para classificar as centenas de ramificações complexas de informações que existem entre a captação de sinais do ambiente e a ativação das proteínas que regulam o seu comportamento.

Até esse ponto, aprendemos então, basicamente, que somos seres que vivem sobre um grande magneto, cercados por ondas, vibrando em diferentes faixas, e que nós mesmos vibramos, produzindo uma

---

27 https://www.researchgate.net/publication/20428341_Deciphering_the_language_of_cells

28 As proteínas PIM, Proteínas Integrais de Membrana, transitam entre a membrana da célula e seu interior, permitindo a entrada de nutrientes e a saída de dejetos.

série de ondas, sendo inclusive sensíveis, "molecularmente" falando, às vibrações ambientes.

Pelo que foi visto no capítulo anterior, a sobrevivência das células depende de sua habilidade de se ajustar dinamicamente às variações do ambiente[29]. Obviamente, o comportamento orgânico não pode ser determinado observando-se apenas este pequeno comportamento. Deve-se levar em conta todo o conjunto. Ao fazer isto, utilizamos um método chamado holístico e não o reducionista (que estuda o objeto tomando partes individuais).

Em nível celular, a história da evolução foi basicamente o ato de maximizar o número de unidades básicas de "inteligência" das proteínas celulares. As células ficaram mais inteligentes à medida que utilizam de maneira mais eficiente a camada externa de suas membranas e expandem sua superfície. O resultado é maior consciência e percepção, o que se traduz em maiores chances de sobrevivência.

Quando surgiram os primeiros organismos unicelulares na Terra, a membrana das células foi aumentando com a evolução, mas houve um limite para esta expansão, um momento em que a fina membrana celular não conseguia mais manter um citoplasma tão grande, como num balão que vai se enchendo de água.

É por esse motivo que durante três bilhões de anos as células foram os únicos organismos vivos neste planeta. A situação só se modificou quando elas encontraram outra maneira de expandir sua "consciência". Como não podiam mais se expandir individualmente, começaram a se unir e formar comunidades multicelulares.

Em tese, as células inicialmente se uniram, para formar versões

29 Isso fica ainda mais claro nos experimentos científicos. O núcleo da célula pode ser retirado e a célula ainda terá uma vida razoavelmente normal por algum tempo, com algumas limitações, até que a impossibilidade de realizar certas funções, cujo núcleo era o responsável, causará sua destruição. Mas se a membrana celular for destruída, a célula morre imediatamente. Se as proteínas responsáveis pelo trânsito de informações pela membrana forem incapacitadas, a célula entra em estado vegetativo. Um ser humano não sobrevive sem cérebro, e se este receber uma lesão profunda, o ser entra em estado vegetativo.

maiores de si mesmas, reproduções em grande escala onde as funções que mantêm uma única célula viva são as mesmas que mantêm a comunidade inteira.

Mas as células começaram a se especializar quando formaram esses organismos multicelulares e estabeleceram a divisão de trabalho[30].

30 Pode-se perceber claramente essa divisão em tecidos e órgãos com funções específicas. Por exemplo: em células únicas, a respiração é executada pelas mitocôndrias. Já em organismos multicelulares essa função é desempenhada pelos bilhões de células de mitocôndrias do pulmão. Outro exemplo: na célula única, o movimento é gerado pela interação das proteínas de citoplasma, chamadas actinas e miosinas. Em organismos multicelulares há comunidades de células musculares (que também contêm grandes quantidades de actinas e miosinas) responsáveis exclusivamente por gerar mobilidade.

10 Vida quântica

NO MUNDO QUÂNTICO e invisível de Einstein, a matéria é constituída de energia e não há limite absoluto. Quando o espírito André Luiz falou de salto quântico em um livro sobre mediunidade, em 1960, muitos espíritas estranharam. Talvez por isso *Mecanismos da mediunidade* seja seu livro menos popular.

Em nível atômico, nem se pode afirmar com certeza que a matéria existe; há apenas uma tendência de que isso possa acontecer. A ciência avança a cada dia, mas ainda conhece muito pouco sobre os organismos. Apesar de todas as descobertas, a mecânica dos sinais químicos, incluindo os hormônios, as citocinas (hormônios que controlam o sistema imune), os fatores de crescimento e de supressão tumoral, ainda não se explicam processos que levam à possibilidade dos fenômenos paranormais, nem o produto de tais fenômenos. O que encontraríamos ao levar a substância resultante de uma materialização ao microscópio eletrônico? Veríamos células ou apenas ligações de carbono? O perispírito vaporoso das entidades que se manifestavam nas reuniões de William Crookes conteria traços de DNA das entidades manifestantes ou dos médiuns que doaram os fluidos? As mesas girantes emitiam algum tipo de radiação?

Curas espontâneas, fenômenos psíquicos, demonstrações de força e resistência além do normal, médiuns voadores, habilidade de caminhar sobre carvão em brasa sem se queimar, agulhas de acupuntura que diminuem a dor manipulando a energia *chi* do corpo e muitos outros fenômenos desafiam a ciência, que faz vista grossa a essas "exceções" às regras, que poderiam, na verdade, redefinir todas as regras.

A Organização Mundial de Saúde[31] reconhece a cromoterapia como medicina alternativa, ou seja, leva a resultados práticos e comprovados, mas por um processo ainda desconhecido. Da mesma forma a técnica fotográfica russa, Kirlian, que é capaz de revelar a enfermidade real de uma pessoa, numa imagem, mas que a ciência não entende muito bem como seria possível. Fluidoterapia, reiki, acupuntura, quiropraxia, massagem terapêutica, orações... Modalidades de cura que se baseiam na crença de que os campos de energia influenciam e controlam nossa fisiologia e nossa saúde.

Ao trazer conceitos de física quântica ao movimento espírita, relacionando o tema com mediunidade e pensamento, o Espírito André Luiz mostrou que havia mais ciência em nosso dia a dia do que podíamos supor. Os fenômenos psíquicos deixaram de ser analisados exclusivamente no ambiente etéreo e nos círculos de estudo espírita passou-se a se falar sobre os átomos do pensamento.

São conceitos que envolvem a questão da energia. O conceito de que o átomo era a menor partícula no Universo caiu por terra há anos com a descoberta de que ele é constituído de elementos ainda menores, as chamadas partículas subatômicas. Desde 1895 sabemos que os átomos emitem "energias estranhas", como raios X e radioatividade, uma forma de energia eletromagnética, de natureza idêntica à luz. Quando descobrimos o mundo atômico, entendemos que todos somos feitos de átomos.

Na virada do século 20, uma nova geração de físicos se propôs a mostrar a relação entre energia e estrutura da matéria. Dez anos mais tarde, deixaram de lado os conceitos newtonianos do Universo material porque perceberam que o Universo não é composto de matéria suspensa no espaço vazio, mas sim de energia. A física quân-

31 OMS, com sede em Genebra, na Suíça.

tica descobriu que os átomos físicos são constituídos de vórtices de energia que giram e vibram constantemente.

Cada átomo é um centro que gira e irradia energia e cada um deles tem uma assinatura (movimento) e constituição (moléculas) próprios. Por isso emitem coletivamente padrões de energia que podem ser identificados. Todo material no Universo, incluindo você e eu, irradiamos uma assinatura energética única.

Na prática, o átomo é invisível. Quando se observa sua estrutura, o que se vê é apenas vácuo. Não há matéria física. Os átomos são feitos de energia invisível, e não de matéria palpável. É como se, em nosso mundo, a substância (matéria) surgisse do nada. Parece estranho, afinal, você está segurando um livro bem sólido nas mãos. Mas se colocar esse livro à lente de um microscópio atômico, verá que não está segurando coisa alguma.

Vejamos como funciona esta questão de "existe/não existe" da física quântica.

A matéria pode ser definida tanto como um conjunto de partículas sólidas quanto como um campo (onda) de força não-material. Quando os cientistas estudam as propriedades físicas dos átomos, como massa e peso, referem-se a eles como matéria física. No entanto, quando os mesmos átomos são descritos em termos de potencial de voltagem e extensões de onda, são chamados de propriedades da energia (ondas).

O fato de que energia e matéria são a mesma coisa é o que Einstein concluiu ao dizer que $E=mc^2$. Ou seja: Energia (E) = matéria (*m* ou massa) multiplicada pela velocidade da luz (*c*) elevada ao quadrado. Em resumo, pegue um objeto e o arremesse a 90.000.000.000 m/s (ou o faça vibrar a essa velocidade). O que sucederá? O objeto se transforma em energia.

Einstein revelou que não vivemos em um universo de objetos físicos separados por um espaço vazio. O Universo é um ser completo, dinâmico e indivisível, no qual energia e matéria estão tão intimamente ligadas que não se pode considerá-las elementos independentes.

A descoberta de que mecanismos tão diferentes controlam a estrutura e o comportamento da matéria deveria auxiliar a medicina a conhecer melhor a saúde e as doenças. No entanto, todos continuamos a ser treinados a ver o corpo simplesmente como uma máquina física.

Na ânsia de descobrir os mecanismos que "controlam" o corpo, os pesquisadores focaram sua atenção em uma série de sinais físicos e químicos, ignorando a importância da energia quando se trata de saúde e das doenças.

Além disso, a maioria dos cientistas é reducionista, ou seja, acredita que os mecanismos de nosso corpo físico podem ser mais bem compreendidos extraindo células e estudando seus elementos químicos. Um elemento químico causa uma reação, que por sua vez causa reação distinta em outro elemento, e assim por diante.

"Recuperar", então, a peça defeituosa por meio de medicamentos, por exemplo, teoricamente faz com que a saúde do paciente se restabeleça. Esse conceito estimula a pesquisa da indústria farmacêutica em busca de mais drogas e mais genes. No entanto, a perspectiva quântica revela que o Universo é uma integração de campos de energia tão integrados quanto interdependentes.

11 O quanto a ciência está longe

COMO ESPÍRITAS APRENDEMOS a ver o Universo em caráter dualista, nas dimensões material e espiritual. Como torcedores em final de campeonato, ficamos na expectativa do dia em que os cientistas irão finalmente desenvolver um equipamento que possa captar a presença de um espírito.

No entanto, se ainda soubéssemos o quanto os cientistas estão atrasados nas próprias questões físicas, nós nos desligaríamos dessa expectativa pelos próximos anos, pelo quanto ela ainda parece longe de acontecer.

Os cientistas não conseguem nem mesmo entender a complexidade da intercomunicação entre as partes físicas e os campos de energia que compõem a matéria. Se não conseguem ainda entender as relações entre matéria e energia, como entenderiam a relação ainda mais sutil entre matéria e espírito ou energia e espírito?

Uma função biológica pode ser prejudicada a partir de um pequeno problema de comunicação em qualquer ponto da rede de informações orgânicas. Equilibrar ou ajustar a química desse complicado sistema interativo exige compreensão de seu funcionamento, que pode ir além da intervenção por parte de uma substância química medicamentosa.

Um exercício que pode ser feito em casa é a avaliação de uma simples bula de medicamento. Fatalmente vamos encontrar informações vagas como "não se sabe exatamente qual o processo que leva ao efeito", ou mesmo "foram identificadas certas reações adversas" e também "não se conhecem os efeitos da superdosagem". Isso nos revela o quão pouco se sabe sobre o corpo humano.

Os cientistas e pesquisadores ainda não compreenderam essa interconectividade que forma uma rede de informação entre as células e os órgãos. Por isso suas bulas apresentam uma grande lista de efeitos colaterais, que vão de uma simples irritação até a morte. Quando essas drogas são introduzidas no organismo para corrigir uma disfunção, acabam interagindo com outras funções, já que os sistemas orgânicos têm funções múltiplas.

As mesmas moléculas podem ser usadas simultaneamente em diferentes órgãos e tecidos, resultando em funções comportamentais as mais diversas. Essa multiplicidade de tarefas é o resultado da evolução, embora torne mais complicada a ação dos medicamentos.

A maioria dos medicamentos industrializados não alcança um nível excepcional de exatidão. Quando alguém toma um anti-histamínico para curar uma inflamação ou alergia, a droga se espalha pelo organismo inteiro, afetando todos os receptores de histamina indiscriminadamente. Claro, reduz a resposta inflamatória dos vasos sanguíneos, reduzindo os sintomas da alergia. Quando, porém, chega ao cérebro, acaba alterando a circulação neural, o que causa reação sobre as funções nervosas. Por isso, pessoas que usam anti-histamínicos sentem alívio dos sintomas e também muita sonolência.

Os efeitos adversos de medicamentos desse tipo ainda são a principal causa de morte iatrogênica, ou seja, causada por tratamento médico.

Segundo estimativas conservadoras[32], doenças iatrogênicas são as terceiras maiores causadoras de morte nos Estados Unidos. Mais de 120 mil pessoas morrem, por ano, devido aos efeitos adversos de medicamentos prescritos por médicos[33], número que pode chegar a

---

32 Publicadas no periódico *Journal of the American Medical Association.*

33 http://189.28.128.100/dab/docs/eventos/seminario_inter_dab/barbara_starfield_eua.pdf

mais de 300 mil. São estatísticas assustadoras, especialmente porque estão relacionadas aos profissionais da cura.

Médicos, muitas vezes inadvertidamente, prescrevem em grandes quantidades medicamentos que vão contra seus próprios objetivos de curar. Esses profissionais são regidos pelos princípios intelectuais de sua profissão e pelas corporações que lhes fornecem os dados para que possam trabalhar, como institutos de pesquisa, laboratórios, indústrias de medicamentos, o próprio governo etc.

Na prática, os médicos acabam como mediadores entre a indústria farmacêutica e os pacientes.

Suas habilidades de cura têm como base uma educação tradicional, que os ensina que o Universo é constituído apenas de matéria física. No entanto, há 75 anos atrás, os físicos adotaram oficialmente a mecânica quântica e reconheceram que o Universo é constituído de energia.

Mas em seus cursos de graduação, pós-graduação e doutorado, os médicos continuam recebendo informações e instruções sobre os produtos farmacêuticos por intermédio dos representantes da indústria farmacêutica. A função desses profissionais é vender seus produtos e "atualizar" os médicos sobre a eficácia das novas drogas.

Precisamos refletir se, de alguma forma, podemos estar sendo programados pelas corporações farmacêuticas a nos tornarmos nações de viciados em drogas prescritas. Os resultados podem já estar sendo trágicos. É preciso parar, repensar nossos conceitos e avaliar se o sistema de cura tradicional está de acordo com as leis da Natureza.

A física quântica permitiu que alguns milagres eletrônicos se tornassem realidade e nos levassem à era da informação. As aplicações da mecânica quântica foram diretamente responsáveis pelo desenvolvimento dos televisores, dos computadores, da tomografia computadorizada, do *laser*, dos foguetes espaciais e do telefone celular.

O surgimento de uma doença como o câncer, por exemplo, pode se manifestar em nível macro quando se pode ver e sentir um tumor. No entanto, o processo que deu início a esse câncer se iniciou em nível molecular dentro das células. Na verdade, a maioria das disfunções biológicas (com exceção de ferimentos e trauma físico) começa em nível celular. Parece lógico que a medicina passe a avaliar a aplicação de princípios quânticos nos diagnósticos[34].

E, na verdade, centenas de estudos científicos, realizados nos últimos 50 anos, têm revelado que as "forças invisíveis" do espectro eletromagnético causam grande impacto sobre o funcionamento do organismo. Essas energias englobam as microondas, as frequências de rádio, as cores visíveis, as baixas frequências, as frequências acústicas e até mesmo uma nova forma de força chamada energia escalar. Frequências e padrões específicos de radiação eletromagnética regulam o DNA, a síntese das proteínas, a divisão das células, a secreção hormonal, o crescimento e as funções nervosas e muito mais.

Pesquisas[35] já revelam que mecanismos como as frequências eletromagnéticas são centenas de vezes mais eficazes na transmissão de informações ambientais do que sinais físicos como hormônios, neurotransmissores, ou, fatores de crescimento. Mas não é de se surpreender que os sinais de energia sejam mais eficientes.

Nas moléculas físicas, a informação a ser transportada é ligada diretamente à energia disponível de uma molécula. No entanto, a reação química empregada para transferir essa informação é acompanhada de uma grande perda de energia devido ao calor gerado pelo rompimento das ligações químicas. Como a ligação termoquímica desperdiça a maior parte da energia da molécula, a pequena quantidade que permanece limita o montante de informação que pode ser transferida como sinal. Sabemos que os organismos vivos precisam receber e interpretar os sinais do ambiente para se manter vivos.

Na verdade, a sobrevivência está diretamente vinculada à velocidade e à eficiência da transferência de sinais. A velocidade dos sinais de energia eletromagnética é de cerca de 300 quilômetros por segundo, enquanto a velocidade dos elementos químicos difusíveis é menor que 1 centímetro por segundo. Os sinais de energia são 100

---

34 *Introduction to a Submolecular Biology* (Introdução à Biologia Submolecular), Albert SzentGyörgyi, ganhador do Prêmio Nobel.

35 "Repercussão na bioenergética", publicada em Annals of the New York Academy of Science, pelo biofísico da Universidade de Oxford C. W. F. McClare.

vezes mais eficientes e infinitamente mais rápidos que os sinais químicos físicos.

Isso nos mostra, por exemplo, a velocidade que pode alcançar a transferência energética de um passe magnético, por exemplo, em comparação com a velocidade de ação de um medicamento químico.

12 Medicamentos e vibrações

UMA DAS PRINCIPAIS razões para as pesquisas sobre energia serem tão ignoradas, com certeza, é monetária. A indústria farmacêutica de trilhões de dólares investe em pesquisas de fórmulas na forma de produtos químicos principalmente porque comprimidos significam dinheiro. Se a energia de cura pudesse ser vendida em drágeas, as indústrias talvez se interessassem rapidamente.

Pesquisam e identificam irregularidades na fisiologia e no comportamento baseadas em normas hipotéticas e informam ao público sobre o perigo que elas representam. Claro, a descrição simplificada dos sintomas, utilizada pelas indústrias de medicamentos para a divulgação ao público, podem até convencer as pessoas de que elas sofrem de um problema específico, como se vê muito nos comerciais de analgésicos ou antiácidos na TV.

Além disso, a mídia evita o assunto e a divulgação do número de mortes por ingestão dos medicamentos receitados e até da automedicação, tratando apenas dos perigos das drogas ilícitas. Não faltam advertências à população de que usar drogas para fugir dos problemas da vida não resolve e ainda causa dependência, mas usar medicamentos sob prescrição médica para silenciar os sintomas do corpo é a mesma coisa que fugir do problema. Atualmente entendemos mais de *benzoilmetilecgonina* (vulgo cocaína) e *tetraidrocanabinol* (vulgo maconha), substâncias psicoativas que a maioria das pessoas nunca usou nem viu, do que *clonazepam* (vulgo Rivotril), princípio ativo ansiolítico que é um dos campeões de vendas - e de uso - no Brasil.

É como tirar férias da responsabilidade de cuidar do próprio corpo: o problema continua, mas o sintoma desaparece. Reduzimos os sintomas, mas dificilmente eliminamos a causa do problema, embora hoje tenhamos mais consciência dos perigos das drogas e estejamos mais abertos a terapias alternativas. E como existe um acesso fácil a profissionais de medicina complementar, os médicos tradicionais não podem mais se esconder atrás de suas teorias ou simplesmente esperar que a medicina naturalista, oriental ou fluídica saia de moda.

As empresas de planos de saúde já incorporaram algumas práticas alternativas de cura, antes consideradas charlatanismo, e alguns hospitais oferecem tratamentos alternativos. O reiki e a acupuntura já estão sendo utilizados no Brasil em hospitais públicos.

Mas, em verdade, não há investimento real no estudo da medicina energética. O problema é que, sem fundos para pesquisas, ela ainda pode continuar a ser classificada como "não-científica" durante muito tempo.

Embora ainda não tenha se dado conta do papel da energia em termos de "informação" sobre os sistemas orgânicos, a medicina convencional já começa a investir em tecnologias de varredura ou mapeamento não-invasivas capazes de identificá-la. Cientistas da área quântica desenvolveram equipamentos que leem e analisam as frequências emitidas por determinados elementos químicos, permitindo identificar a composição de materiais e objetos e adaptaram estes aparelhos para que pudessem ler o espectro de energia emitido pelos tecidos e órgãos do corpo.

Como os campos de energia viajam com facilidade pelo organismo, as novas tecnologias como CAT, MRI e tomografias de emissão de pósitrons (PET) podem detectar doenças de maneira não-invasiva. Os médicos podem diagnosticar problemas internos analisando as imagens dos tecidos mapeados.

As diferenças no espectro da energia permitem aos radiologistas identificar tecidos não-saudáveis (o temível ponto preto na imagem do exame). O tecido lesado emite um tipo específico de assinatura energética diferente das células saudáveis ao seu redor. Essas identidades de energia que passam pelo nosso corpo viajam pelo espaço na forma de ondas invisíveis, como as que são geradas por uma pedra lançada em um lago. Se jogarmos várias pedras ao mesmo tempo, as ondas (de energia) geradas podem interferir umas com as outras, formando diversos pontos de convergência. Esta interferência pode ser construtiva e harmônica (amplificando a energia) ou destrutiva e desarmônica (diminuindo sua intensidade).

Vou utilizar de um exemplo simples para explicar vibrações positivas e negativas. Quando duas pedras caem na água ao mesmo tempo, suas ondas se coordenam e acabam convergindo uma para a outra. Quando as ondas se sobrepõem, a força combinada de sua interação é duplicada, um fenômeno chamado interferência construtiva ou ressonância harmônica.

Mas quando as pedras são jogadas de maneira dessincronizada, suas ondas de energia não se sincronizam, pois, enquanto uma está subindo, a outra está descendo. Então, ao se encontrarem, acabam chocando-se e anulando uma à outra. Em vez de duplicar a energia no ponto de encontro, a água permanece parada, sem ondas de energia. Esse fenômeno em que as energias são canceladas ou anuladas é chamado interferência destrutiva.

O comportamento das ondas de energia é importante para a biomedicina porque as frequências vibracionais podem alterar as propriedades químicas e físicas de um átomo da mesma maneira que a histamina ou o estrogênio. Como os átomos estão em constante movimento, o que pode ser medido por sua vibração, eles acabam gerando ondas similares às das pedrinhas jogadas na água.

Cada átomo é único porque a distribuição de suas cargas positiva e negativa, aliadas à velocidade de giro, cria uma vibração específica e um padrão de frequência personalizados. Os cientistas desenvolveram uma nova maneira de interromper o movimento dos átomos estudando suas ondas de energia.

Primeiro identificam sua frequência e utilizam um *laser* para emitir outra igual. Embora o átomo e a frequência fotoelétrica emitam o mesmo padrão de ondas, as do *laser* são programadas para estar fora de sincronia em relação às do átomo. Quando a onda de luz interage com a onda do átomo, a interferência destrutiva cancela sua vibração e faz com que ele pare de girar. Já quando a intenção é acelerar os átomos ao invés de pará-los, a vibração é uma maneira de criar ressonância harmônica, cuja vibração pode ser eletromagnética ou acústica.

Quando uma cantora habilidosa emite uma nota harmonicamente ressonante com os átomos de uma taça de cristal, eles absorvem as ondas sonoras. A mecânica da interferência construtiva faz com que estas ondas de energia adicionada vibrem mais rápido. Em determinado momento, os átomos terão absorvido tanta energia e passarão a vibrar tão rápido, que se soltarão das cadeias que os prendem. O resultado é a explosão da taça. Para destruir uma pedra nos rins é utilizada a mesma técnica.

Esse princípio da ciência da física pode influenciar as funções químicas de nosso corpo. Essas pesquisas podem ser muito benéficas, resultando em formas de terapia com menos efeitos colaterais que as drogas convencionais. Mas, na verdade, todos os organismos comunicam-se com o ambiente por meio de campos de energia, só que, por sermos tão dependentes das linguagens falada e escrita, acabamos abandonando o sistema de comunicação por intermédio da sensibilidade energética.

E, assim, como qualquer função biológica, a falta de uso leva à atrofia. Os aborígenes australianos utilizam essa capacidade extrassensorial em sua rotina diária, captando e descobrindo fontes de água sob a areia. Algumas tribos indígenas da Amazônia e seus pajés se comunicam com as energias das plantas medicinais. Todos já sentimos a ação desse mecanismo.

Nunca lhe aconteceu de estar em um local, participar de uma atividade ou falar com uma pessoa e se sentir fraco, sem energia? Por que isso aconteceu? Interferência destrutiva, a mesma das pedras jogadas na água não simultaneamente, ou, segundo a crença popular, vibrações negativas. Ou, ao contrário, estar em um local, participar de uma atividade ou falar com uma pessoa e se sentir bem, renovado? Interferência construtiva ou, simplesmente, boas vibrações.

Precisamos de um bom estímulo físico-quântico!

13 Ver e crer

EM 1952, UM médico inglês chamado Albert Mason estava tratando, por meio da hipnose, um adolescente de 15 anos que tinha problemas de verrugas. Sua pele, em grande parte do corpo, se parecia mais com a de um elefante do que com a de um ser humano.

Na primeira sessão, Mason se concentrou no braço do rapaz. Induziu-o ao estado de transe hipnótico e lhe disse que seu braço seria curado e que passaria a ter a pele normal e saudável. O paciente retornou uma semana depois, e o médico ficou satisfeito ao ver que os resultados eram excelentes. A pele do braço do garoto estava normal.

Mason, então, conversou com o cirurgião que havia tentado, sem sucesso, fazer enxertos na pele do paciente, e o cirurgião quis ver o rapaz, ficando muito surpreso com o resultado, mas explicou a Mason que aquele se tratava de um caso genético e até letal de ictiose congênita, e não de simples verrugas.

Eliminando os sintomas, utilizando do que acreditavam ser o poder da mente, Mason e o rapaz fizeram algo considerado impossível na época. Continuaram então com as sessões de hipnose e a pele da maior parte do corpo dele se tornou rosada e normal. O rapaz, que era vítima de piadas e provocações na escola por causa da aparência de sua pele, passou a ter, então, vida normal.

Quando Mason descreveu seu tratamento para a ictiose em um

artigo[36], o assunto tomou grandes proporções; a mídia passou a assediá-lo e seu consultório se encheu de pacientes com ictiose, os quais, até aquele momento, ninguém havia conseguido curar.

Naturalmente, Mason tentou o mesmo método em diversos pacientes, mas jamais conseguiu obter o mesmo resultado. Após refletir, chegou à conclusão de que houve da parte dele uma postura diferente no caso do rapaz que curara, julgando que, na verdade, o problema poderia estar em si mesmo e em sua "fé" no tratamento.

Admitiu para si mesmo que não conseguia ter com os novos pacientes a mesma postura tranquila e inocente de quem pensava estar tratando um simples caso de verrugas, pois agora sabia tratar-se de pessoas com uma doença congênita, considerada incurável e potencialmente fatal, mesmo ele tendo conseguido eliminá-la anteriormente. Numa autoanálise, Mason observou que, durante o tratamento, o jovem tivera uma postura mais positiva, animada, e foi capaz de transmitir mais otimismo do que nos pacientes subsequentes.

Mas como a mente conseguiu ser mais forte que a programação genética? Como a simples crença de Mason pôde afetar o resultado do tratamento?

Vimos que matéria e energia estão interligadas. A conclusão lógica é que mente (energia) e corpo (matéria) têm constituição semelhante, embora a medicina ocidental venha tentando tratar as duas separadamente desde há muito. No século XVII, René Descartes negou o conceito de que a mente tenha influência sobre o corpo. Afirmou que o corpo físico é composto de material denso, e a mente, de uma substância ainda não identificada, porém imaterial. Como não conseguiu identificar a natureza da mente, resolveu deixar o assunto de lado, e o mundo continuou com uma questão filosófica não resolvida: se a matéria só pode ser afetada por matéria, como uma mente não material pode estar "conectada" a um corpo denso? A questão de Descartes acabou sendo definida popularmente como "o fantasma na máquina"[37]. Hoje, com o conhecimento que o espiritismo traz, sabemos que há elementos fluídicos semimateriais que

36 British Medical Journal, em 1952.

37 *The concept of mind* (O conceito da mente), de Gilbert Ryle.

fazem a conexão entre a mente (espírito) e o corpo (matéria), na forma do perispírito e da energia do duplo etérico. No entanto, ainda tão sutis que os mais modernos equipamentos sensíveis à radiação ou espectros variados não foram capazes de localizá-los.

A medicina tradicional, baseada em um universo de matéria puramente física, concordava com a teoria de Descartes sobre a divisão mente/corpo. Em termos médicos, é muito mais simples consertar um corpo mecânico sem ter de pensar na "incômoda" figura de um "espírito".

A nova compreensão da mecânica do Universo, porém, mostra como o corpo físico pode ser afetado pela mente não-material. Pensamentos, que são a energia da mente, influenciam diretamente a maneira como o cérebro físico controla a fisiologia do corpo. A "energia" dos pensamentos pode ativar ou inibir as atividades orgânicas. Por esse motivo, para modificar nossa vida, precisamos observar onde estamos investindo a energia do cérebro. Precisamos identificar as consequências da energia que investimos em pensamentos da mesma maneira que observamos quanta energia o corpo gasta.

Apesar de todas as descobertas da física quântica, a divisão entre mente e corpo prevalece. Os cientistas ainda classificam na mesma categoria das anomalias casos como o do rapaz que se curou por meio da hipnose. Deveríamos estar estudando curas como essa a fundo. Esses casos excepcionais são parte da fonte da explicação - e também permitem uma compreensão mais profunda - da natureza da vida. São casos "poderosos" porque contêm verdades que, infelizmente, ainda são consideradas apenas exceções. O poder da mente pode ser ainda mais eficaz que as drogas das quais acreditamos que precisamos. A energia pode influenciar a matéria mais diretamente e com mais facilidade do que agentes químicos. Infelizmente, os cientistas ignoram esses casos ao invés de estudá-los.

Um exemplo interessante a respeito da insistência em negar a realidade da interação mente-corpo foi publicado em um artigo[38] sobre um físico alemão do século XIX chamado Robert Koch que estabeleceu, junto com Pasteur, a teoria dos germes. Essa teoria é bem

38 *Revista Science*, de 2000.

aceita hoje, mas na época de Koch foi alvo de controvérsias. Um dos críticos estava tão certo de que a ideia de que germes poderiam nos contaminar era absurda que tomou, de um gole só, um copo d'água cheio de *vibrio cholerae*, a bactéria que Koch acreditava ser a causadora da cólera. Mas, para surpresa geral, não foi afetado.

O artigo afirmou que, por razões desconhecidas, o homem não apresentara nenhum dos sintomas, o que também não comprovava que estaria certo. Mas o fato de o homem ter sobrevivido, contrariando a teoria hoje unânime, dos germes, não representava justamente que ele estava certo? Uma exceção à regra, que merecia ter sido estudada?

Se todos sabem que essa bactéria é causadora da cólera e o cientista demonstrou não ser afetado por ela, como ele podia estar errado ao duvidar da teoria? Ele provou uma falha nas ideias de Pasteur e Koch. Ao não tentar descobrir por que ele não apresentou os sintomas, os cientistas simplesmente ignoraram a chance de estudar essa e outras exceções às suas teorias.

Na ânsia de provar apenas a sua verdade, os cientistas perdem a chance de descobrir outras maiores ainda. O problema de haver exceções para uma teoria é que elas provam que a teoria está incorreta. A grande verdade é que, nas questões que envolvem nossa saúde, as certezas científicas que temos atualmente nada mais são do que regras que funcionam para a maioria das pessoas e não para todas. E, mesmo assim, mal sabemos se estão funcionando mesmo.

Um exemplo de uma realidade que desafia os conceitos estabelecidos da ciência é o do vírus HIV, que se acredita causar a Aids. Até agora ninguém conseguiu explicar por que tantos indivíduos infectados com o vírus há décadas não apresentam sintoma algum. E o que dizer dos pacientes terminais de câncer que recuperaram a saúde livrando-se das consequências da doença?

Quantos casos conhecemos de tratamentos espirituais empreendidos em casas espíritas com resultados para a saúde muito mais eficientes do que os trazidos pela medicina tradicional? São multidões de pessoas desenganadas pelos médicos que recobram "milagrosamente" a saúde, após tratamentos envolvendo passes magnéticos, consumo de água fluidificada e preces. Enfermidades mal controladas sob o tratamento médico tradicional, estendendo-se por anos a fio, são curadas em poucos meses e até dias através de tratamentos fluidoterápicos simples.

Como essas remissões espontâneas ainda não têm "explicação", a ciência simplesmente ignora sua existência. Cura ou saúde espontâneas estão fora do quadro-padrão de diagnósticos. No entanto, a fluidoterapia raramente é aplicada de maneira exclusiva. Na maioria das vezes acompanha um trabalho auxiliar de orientação espiritual, como o Atendimento Fraterno, o convite para a participação dos cursos doutrinários e as reuniões públicas espíritas; onde quem busca tratamento tem a oportunidade de assistir palestras sobre os mais variados temas doutrinários.

E aqui entra um raciocínio simples: se a morte do corpo físico é o resultado do desligamento entre o espírito e a matéria carnal; a doença pode ser interpretada como uma dissociação semelhante e essa desconexão entre nosso espírito e nosso corpo leva o organismo a debilitar-se. Por isso é tão importante que a fluidoterapia, tratando o perispírito, esteja acompanhada dos estudos doutrinários, para tratar nosso espírito em prol da harmonia entre mente e corpo.

14 Ação e reação

A SABEDORIA POPULAR já sabe que emoções causam alterações físicas. Aperto no peito, frio na barriga, cabeça quente... Quem nunca usou essas expressões para traduzir uma emoção?

Os cientistas também sabem que, a rigor, a emoção é o estímulo que afeta o sistema límbico[39] e é capaz de mudar o sistema periférico. Mas faltava saber exatamente onde essas mudanças físicas ocorrem no organismo, o que pode ajudar a melhor definir as emoções e entender os transtornos afetados por elas.

Em 2013, no intuito de responder a essa questão, cientistas da Universidade de Aalto, em parceria com a Universidade de Turku, ambas na Finlândia, pediram a 700 voluntários desse país e também da Suécia e Taiwan que indicassem quais áreas do corpo sofriam alterações quando sentiam uma determinada emoção.

Para incitar cada estado emocional, vídeos, fotos de expressões faciais e histórias provocativas – tudo para despertar determinados sentimentos. Depois disso os voluntários tinham que apontar, numa silhueta humana no computador, onde em seus corpos eles tinham

39 Unidade responsável pelas emoções e comportamentos sociais. É uma região constituída de neurônios, isto é, células que formam uma massa cinzenta denominada de lobo límbico.

sentido os estímulos, acrescentando cores quentes ou frias para mostrar se a atividade tinha aumentado ou diminuído.

Mesmo usando palavras ou expressões diferentes como dor de cabeça para tristeza, ou "pés frios" para nervosismo, os resultados mostraram que há padrões consistentes de sensações corporais associadas a cada uma das seis emoções básicas.

Muitas dessas emoções envolviam aumento da atividade na parte superior do peito, "como se correspondendo a mudanças na respiração e na frequência cardíaca". Sensações nos membros superiores andavam de mãos dadas com emoções orientadas pelo *approach*, como raiva e felicidade, enquanto membros "pesados" estavam relacionados com a tristeza. Enquanto as mudanças na face estavam relacionadas com muitas emoções, garganta e barriga respondiam sempre pelo desgosto dos participantes. "Em contraste com todas as outras emoções", diz o estudo, "a felicidade estava associada a sensações aprimoradas por todo o corpo".

Com os dados, um *software* montou um único circuito para cada emoção - raiva, medo, desgosto, felicidade, tristeza e surpresa (chamadas de básicas) e ansiedade, amor, depressão, desprezo e orgulho (tidas como correlatas).

Riitta Hari, professora da Universidade Aalto e uma das autoras do estudo, afirmou, frente aos resultados, que tanto o computador como outras pessoas reconheceram as emoções descritas, o que denotava o seu aspecto universal[40].

Assim, emoções ligadas à excitação, como raiva e felicidade, foram associadas com ativações e calor dos membros superiores. Já as emoções que indicam estado depressivo ou de tristeza foram relacionadas a menor atividade nos membros inferiores, como adormecimento das pernas e pés.

Sensações no sistema digestório e ao redor da garganta foram relacionadas a desgosto. Felicidade foi a única emoção associada com calor e ativações no corpo inteiro.

O estudo pode ajudar a identificar emoções, nem sempre distinguíveis, como tristeza e desgosto. As emoções têm vias autônomas,

---

40 PNAS - *Proceedings of the National Academy of Sciences* (PNAS).

muitas vezes só interpretadas depois. Saber quais são elas promove o entendimento de processos emocionais pode tornar-se um recurso terapêutico.

Doenças caracterizadas por desordens emocionais como depressão e transtorno bipolar também podem se beneficiar dos achados. Riitta Hari acredita que a pesquisa pode tornar-se uma ferramenta diagnóstica, já que os mapas podem apresentar-se alterados em pacientes com distúrbios emotivos.

Estudos de neuroimagem já mostraram que esses indivíduos, quando estimulados por emoções negativas, exibem maior atividade cerebral. Essa dinâmica é inversa à obtida em pessoas saudáveis. As emoções podem provocar alterações hormonais, como o aumento do cortisol, hormônio associado ao estresse, que, quando prolongadas, podem ser responsáveis por doenças, como transtornos mentais e diabetes.

Emoções podem ainda mudar a expressão de genes. Um outro estudo, dessa vez promovido pela Universidade da Califórnia[41], mostrou que pessoas felizes apresentam menos genes da inflamação do que pessoas depressivas, o que as protege contra doenças.

De qualquer forma os resultados surpreendem. Foi criada uma escala de cores que representavam a intensidade das sensações. De modo geral as cores branca e amarela representavam uma ativação máxima da região do corpo; a cor vermelha, uma intensificação maior da atividade fisiológica, e as cores azul e preto eram usadas para designar a falta de atividade, ou a "fuga" de energia.

A seguir, o mapa que mostra reações do corpo a cada emoção:

41 Publicado na PNAS em fevereiro de 2013.

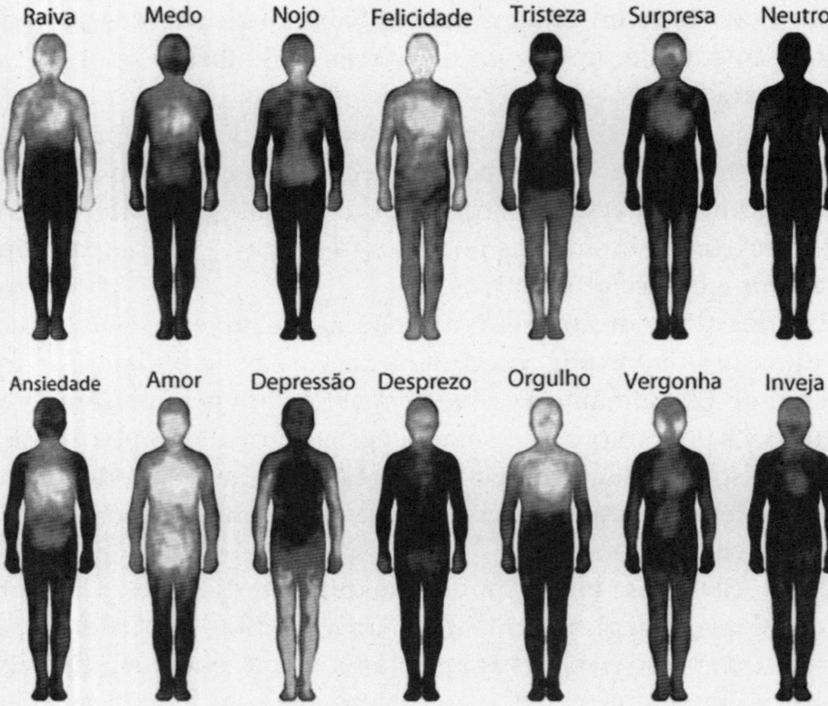

Fonte: Lauri Nummenmaa, Enrico Glerean, Riitta Hari e Jari Hietanen/Divulgação.

Embora a imagem esteja impressa em tons de cinza, pode-se facilmente identificar as áreas brancas e amarelas como as mais claras; as vermelhas como as de tom cinza médio e as azuis como cinza escuro ou preto. A seguir uma descrição do que as 14 imagens revelaram:

1 – **Raiva:** Uma grande ativação da parte superior do corpo e dos pés, mas, no geral, uma total fuga de energia da parte inferior do corpo, logo abaixo da cintura que apareceram enegrecidos nas imagens. Os pontos de energização máximos foram as áreas correspondentes à boca, o coração e as mãos. A análise leva a crer que, em momentos de raiva, o coração dispara e desviamos energia para falar – ou gritar – e atacar, com o acúmulo de energia nos punhos.

2 – **Ansiedade:** Um grande desvio de energia dos membros superiores e inferiores, mas em menor grau na cabeça. Uma grande ativação do pulmão e do coração mas em menor grau os outros órgãos.

3 – **Medo:** Uma distribuição energética muito semelhante à ansiedade.

4 – **Amor:** Uma das configurações mais interessantes. Assim como será visto na felicidade, o amor ativou todo o corpo, mas com área de intensidade máxima na cabeça, peito e região genital e menos energia nos membros inferiores.

5 – **Nojo**: Nota-se uma concentração grande de energia na região da boca e em menor escala nas regiões correspondentes ao esôfago, estômago e mãos. Ao mesmo tempo há uma fuga de energia na região inferior do corpo.

6 – **Depressão:** Todo o corpo apresenta-se sem energia, com todos os membros inferiores em tons de azul, e as áreas centrais do corpo, relativas aos órgãos, em tons de preto. Se felicidade e amor revelaram configurações mais vivas e ativas, com cores mais vibrantes, depressão revelou uma imagem totalmente oposta, como realmente o é na vida real.

7 – **Felicidade:** Ativação do corpo todo, com intensidade máxima no peito e em toda cabeça, sobretudo na região da boca, o que nos recorda que as pessoas felizes normalmente estão sorrindo.

8 – **Desprezo:** Queda de energia brusca em todo o corpo, que apareceu enegrecido e um pouco de atividade na área da cabeça, com pico nos olhos e boca.

9 – **Tristeza:** Fuga de energia de todo o corpo, embora não tão grande quanto no caso do desprezo e do desgosto. Algumas áreas mantiveram-se com baixa atividade, como peito, olhos, boca e garganta.

10 – **Orgulho:** Uma grande ativação da parte superior do corpo, principalmente no peito e na cabeça, e fuga de energia da parte inferior do corpo. O que casa muito bem com a noção de que os orgulhosos têm o peito "estufado".

11 – Surpresa: Uma concentração de energia na área dos olhos, e em menor escala no rosto, peito e pernas.

12 – Vergonha: Muita energia nas bochechas e menor escala no rosto, peito, estômago e pernas.

13 – Neutralidade: A indiferença esfria todo o corpo.

14 – Inveja: Energia mediamente concentrada no rosto, principalmente nos olhos, garganta e coração.

Percebe-se que o corpo responde com intensificação de energia que gera certos trejeitos: o arregalar de olhos quando ficamos surpresos, o enrubescer das bochechas quando sentimos vergonha, o cerrar dos punhos quando temos raiva, o cerrar dos dentes quando temos nojo de algo. Por outro lado, percebe-se a fuga de energia quando, por exemplo, advém o medo, causando paralisia das pernas.

15 Cuidado com o pensamento positivo!

ANTES DE FALAR sobre o incrível poder da mente humana e discutir mais pesquisas sobre a relação mente-corpo, é bom deixar claro: não devemos acreditar cegamente que o simples ato de pensar positivo possa levar à cura de doenças. Seria até irresponsável alimentar essa ideia, da mesma forma que não devemos acreditar cegamente que conservar mágoas e remorso irá fatalmente nos levar a desenvolver células cancerígenas.

São cuidados que devemos ter para que, caso não nos curemos, mesmo tendo sido excepcionalmente otimistas, não desenvolvamos qualquer sentimento de culpa, acreditando-nos pessoas de "vontade fraca". Da mesma forma que não podemos olhar para um paciente cancerígeno com ares de piedade e até reprovação, por acreditarmos se tratar de uma pessoa "cheia de mágoa, rancores e remorsos".

É preciso um pouco mais para controlar nosso corpo e nossa vida.

Claro, é importante para nossa saúde e bem-estar manter a energia da mente sempre positiva e elevar a autoestima, evitando pensamentos negativos que drenam a energia e debilitam o corpo.

Porém, o simples fato de pensar positivo não necessariamente altera nossa vida! Por todo o monte Everest estão soterrados os corpos de inúmeros alpinistas que perderam a vida e eram pessoas extremamente positivas e motivadas. Não podemos perder a razão, que precisa guiar nossas crenças e esperanças.

Na verdade, muitas pessoas que tentam pensar positivo e não conseguem acabam ficando ainda mais debilitadas, acreditando que não há mais esperança para sua vida e que já esgotaram todas as possibilidades e recursos disponíveis. O que elas não entendem é que as subdivisões aparentemente "separadas" da mente, a consciente e a inconsciente, são interdependentes. A mente consciente é a mais criativa e a que gera "pensamentos positivos".

Já a mente subconsciente é um depósito de reações e de respostas a estímulos derivados dos instintos e das experiências vividas, tanto desta quanto de outras existências. E elas tendem a manter - infelizmente - sempre o mesmo padrão habitual, emitindo as mesmas respostas comportamentais ao longo de toda a vida.

Quantas vezes você já não se irritou ou perdeu a paciência por razões triviais como um simples tubo de pasta de dente? Provavelmente lhe ensinaram desde criança a tampá-lo após o uso. Então, quando o encontra destampado, você automaticamente se enfurece. É uma simples resposta de estímulo a um comportamento programado, armazenado em sua mente subconsciente.

Quando se trata de habilidades de processamento neurológico, a mente subconsciente é milhões de vezes mais forte que a mente consciente. Ainda mais quando olhamos essa questão sob o ponto de vista reencarnatório! Quantas experiências pregressas estão acumuladas em nosso ser? Se os desejos da mente consciente entram em conflito com os arquivos subconscientes de milhares de existências, qual lado você acredita que vencerá? Você pode repetir centenas de vezes afirmações positivas do tipo "as pessoas me amam" ou "irei me curar do câncer". Se aprendeu em outras vidas ou mesmo desde criança, nessa existência, que não pode ser amado ou que tem saúde frágil, essas mensagens programadas em sua mente subconsciente vão fazer cair por terra todos os seus esforços para modificar sua vida.

Lembra-se daquelas promessas que fazemos a nós mesmos nas celebrações do Ano Novo? A primeira delas, que geralmente é a de comer menos, vai por água abaixo assim que o peru é servido. Vamos tratar com mais detalhes as origens da autossabotagem e como modificar nossa programação mais à frente. Mas saiba que há esperança para quem já tentou pensar positivo e não obteve os resultados que desejava.

16 Mente sã, corpo são

NOS TRÊS PRIMEIROS bilhões de anos de vida neste planeta, a biosfera consistia de células independentes, como bactérias, algas e protozoários. Antigamente considerávamos essas formas de vida como indivíduos independentes, mas hoje sabemos que os sinais emitidos no ambiente permitem a coordenação do comportamento de uma grande população dispersa de organismos unicelulares.

As amebas unicelulares são um exemplo de como as moléculas sinalizadoras estabelecem uma comunidade. Essas amebas vivem de maneira solitária em busca de alimento. Quando ele se esgota, elas sintetizam uma substância sinalizadora e a lançam no exterior. A concentração desse elemento aumenta à medida que outras amebas ficam sem alimento e passam a produzi-lo também. Quando as moléculas do sinal atingem os receptores da membrana das células de outras amebas similares, elas se agrupam e formam um grupo multicelular.

Este é o estágio de reprodução das amebas. Durante o período de "fome", a comunidade de células compartilha seu DNA, criando uma nova geração. As novas amebas hibernam na forma de esporos inativos e, quando o alimento no ambiente volta a ficar disponível, as moléculas emitem um sinal indicando que o período de hibernação acabou.

Uma nova população de células é então liberada no ambiente e um novo ciclo se inicia. O aspecto mais importante é que, quando esses organismos unicelulares estabelecem uma comunidade, eles passam a dividir sua "consciência" e passam a coordenar seu comportamento enviando moléculas sinalizadoras ao ambiente.

Agora é que vem a parte interessante dessa história: as células do nosso organismo funcionam mais ou menos da mesma forma. A diferença principal é que as funções fisiológicas dos organismos multicelulares, como o ser humano, se subdividem em comunidades especializadas que compõem os tecidos e os órgãos. Assim, o processamento da inteligência das membranas é tarefa de células especializadas dos sistemas imune e nervoso do organismo.

Foi "somente" há 700 milhões de anos (algo relativamente recente se pensarmos no tempo de vida do planeta) que as células perceberam as vantagens de se agrupar e formar as comunidades e organizações que hoje conhecemos como animais e plantas. As mesmas moléculas coordenadoras de sinais usadas pelas células independentes passaram a ser utilizadas nessas novas comunidades. Organizando a distribuição das moléculas sinalizadoras funcionais, a comunidade de células pôde coordenar melhor suas funções e agir como uma única forma de vida.

Mas quando as células passaram a estabelecer comunidades, uma nova política teve de ser criada. As células não podiam mais agir de forma independente, de acordo com sua vontade própria, afinal, estavam agindo dentro de um plano comum. No corpo humano, cada célula pode perceber o ambiente fora de si mesma, mas não tem informações do que se passa em ambientes mais distantes, especialmente fora do organismo.

De que maneira uma célula do fígado, imersa dentro da víscera, pode agir em resposta a um fator externo ao corpo, como, por exemplo, um ladrão que invadisse nossa casa?

O controle de um sistema tão complexo de comportamento, necessário para garantir a sobrevivência de uma organização multicelular, é então incorporado por um sistema central de processamento de informações. À medida que animais mais complexos foram surgindo, as células especializadas assumiram a tarefa de monitorar e organizar o fluxo das moléculas sinalizadoras e reguladoras de comportamento. Estabeleceram uma rede nervosa e um processador central de informações chamado cérebro. A função do cérebro é coordenar o diálogo entre as moléculas sinalizadoras dentro da comunidade.

O resultado disso é que, em uma comunidade de células, todas elas devem se submeter ao controle de uma autoridade maior. O cérebro controla o comportamento de todas as células do corpo. Isso é algo importante a se considerar antes de acusar as células de nossos órgãos e tecidos pelos problemas de saúde que temos.

17 Nossas células são emotivas

NOSSO CÉREBRO DESENVOLVEU um nível de especialização que permite as sensações serem acessíveis a todas as células da comunidade orgânica. Basicamente, o cérebro emite "memorandos" internos a todo momento, avisando toda a comunidade celular do que está acontecendo.

Uma descoberta importante foi que as emoções não se originam apenas de respostas do corpo ao ambiente. A mente usa o cérebro para gerar "moléculas de emoção" e agir sobre todo o sistema orgânico. Assim temos duas fontes que nos geram emoções, que são distribuídas sobre o organismo físico: as reações físicas e as reações mentais. Nossa mente consciente interpreta esses sinais, as sensações, convertendo-os em emoções.

A mente consciente entende os sinais que vêm das células que compõem o corpo, traduzindo-os em emoções, como dor, cócegas, frio, calor etc.; como também gera emoções, a partir das reações que temos ao ambiente em que vivemos, que se manifestam por meio da emissão de sinais pelo sistema nervoso, ou seja, o que sentimos reflete-se na organização biológica.

Pesquisas[42] revelaram que receptores "neurais" estavam presentes na maioria (se não em todas) as células do corpo, levando à con-

42 *Molecules of emotion* (Moléculas de emoção), de Candace Pert.

clusão de que a "mente" não se concentra apenas na cabeça, mas que possui presença ativa no corpo todo. Aparentemente quando pensamos ou sentimos, não são apenas partes do cérebro que estão sendo ativadas, mas partes do corpo todo.

Enquanto o uso apropriado da consciência pode fazer que um corpo doente se torne mais saudável, o controle inconsciente inapropriado das emoções pode causar muitas doenças. Enquanto as células individuais respondem apenas a percepções sensoriais mais simples como "verde, aromático e azedo", as habilidades desenvolvidas por nosso cérebro conseguem combinar todas essas sensações e identificar "limão".

Os reflexos comportamentais básicos, adquiridos durante a evolução, são passados às novas gerações sob a forma de instintos genéticos. Aprender um novo reflexo ou comportamento é basicamente um produto do condicionamento.

Por exemplo: Pavlov treinou seus cães para salivar toda vez que ouvissem o toque de um sino. Primeiro, ensinou-lhes a associar o som com o estímulo de receber alimentos. Depois de algum tempo, tocava o sino, mas não oferecia comida. Só que os cães já estavam tão programados a serem alimentados que, toda vez que o sino tocava, começavam a salivar mesmo que não houvesse alimento presente. Trata-se de um comportamento reflexo "inconsciente" adquirido.

O comportamento reflexo pode ser algo simples (como o levantar da perna quando o martelinho do médico toca o nosso joelho) ou mais complexo (como dirigir um carro a 80 quilômetros por hora em uma rodovia cheia e, ao mesmo tempo, conversar com o passageiro). Várias encarnações sob as quais vivenciamos experiências similares podem também gerar um condicionamento de resposta a muitas situações corriqueiras de nossa presente existência.

Embora as respostas comportamentais condicionadas possam ser muito complexas, elas escapam à nossa consciência e nem sequer envolvem o uso do cérebro. Por intermédio do processo de aprendizagem condicionada, nosso corpo físico se modifica e as reações químicas neurais entre os estímulos e as respostas comportamentais se consolidam para garantir um padrão repetitivo. Essas reações consolidadas se chamam "hábitos". As ações da mente subconsciente são reflexivas por natureza, e não governadas pela razão ou pelo pensamento.

Podemos perceber isso de muitas maneiras em nosso dia a dia, na memória que nosso próprio corpo parece possuir. Quando seguramos uma caneta, por exemplo, é um ato automático, desenvolvido a partir dos primeiros exercícios de escrita. Aprendemos a segurar a caneta, e depois nossos próprios dedos já sabem como segurá-la, como se tivessem aprendido. Quem é fluente em outro idioma ou canta, também percebe o quanto é poderosa essa "memória física" das cordas vocais no momento de usar um sotaque estrangeiro, articular uma nota musical. Da mesma forma quem toca um instrumento musical.

Esse tipo de memória ou condicionamento existe em outros âmbitos de nosso dia a dia também, principalmente quando somos levados a modificar certos comportamentos de longa data. Um fumante muitas vezes acende o cigarro sem notar, e, mesmo após ter parado com o vício, não raro se vê procurando um maço. Quem corrige um problema de vista por meio de cirurgia, durante um tempo assusta-se ao notar que está sem os óculos, por medo de os haver perdido e não poder enxergar. Pacientes de cirurgia bariátrica normalmente passam por acompanhamento psicológico, pois precisam aprender a desprogramar o cérebro sobre o quanto comiam antes da cirurgia. Após a desencarnação de meu pai, durante vários meses, mesmo sabendo que ele não estava fisicamente em casa nem retornaria de volta, muitos sons comuns que ouvíamos nos faziam pensar que ainda estivesse lá, como o de um carro buzinando na rua (ele assim fazia, ao chegar em casa, para que fosse aberto o portão da garagem).

Humanos e alguns mamíferos desenvolveram uma região especializada do cérebro associada ao pensamento, planejamento e tomada de decisões chamada córtex pré-frontal. Essa parte do cérebro parece ser o centro físico do processamento da autoconsciência. A mente autoconsciente é autorrefletora e acompanha nosso comportamento e emoções, tendo acesso à maior parte das informações armazenadas em nosso banco de memória. Trata-se de um recurso extremamente importante, que nos permite lembrar de todo o nosso histórico de vida e assim poder planejar nossas ações futuras.

Isso fica extremamente claro ao analisar as associações que nos vêm à mente quando encontramos uma pessoa, ouvimos uma música ou sentimos um perfume. A mente autoconsciente quase de imediato nos traz à consciência recordações ligadas a tudo que entramos em contato.

Quem é que nunca ouviu o latido do cão de guarda, em casa, durante a madrugada e não pensou que um ladrão pudesse estar tentando invadir a casa? Racionalmente falando, não vimos o marginal, não o ouvimos, nem sabemos se realmente há um, mas por uma associação trazida pela mente autoconsciente – um noticiário que assistimos ou experiências que vivenciamos – nosso nível de ansiedade começa a subir e perdemos a noite de sono, sem realmente saber a realidade dos fatos.

E mesmo nos levantando e indo até o portão, conferindo que não está havendo nada fora do normal, o gatilho mental já foi disparado e retornamos à cama ainda receosos de alguém ter mexido no portão, na tentativa de entrar, ou se a casa está sendo vigiada por algum malfeitor.

Além de ser autorrefletora, a mente autoconsciente é extremamente poderosa. Observa todos os comportamentos programados que adotamos, avalia cada um deles e decide conscientemente se deve modificá-los. Podemos escolher como reagir à maioria dos sinais do ambiente e até se vamos ou não reagir a eles.

A capacidade da mente consciente de se sobrepor aos comportamentos programados da mente inconsciente é o que nos permite ter livre-arbítrio.

Hoje, muitos psicólogos já entendem que, a respeito de certos comportamentos repetitivos ou viciosos que desenvolvemos, e que fatalmente nos prejudicam a saúde ou o bem-estar, cuja resposta que damos à necessidade da mudança é sempre "é difícil mudar, não consigo", há, na verdade, um outro empecilho para a corrigenda que inconscientemente mascaramos. Assim, sugerem simplesmente que troquemos a expressão "não consigo", sempre que vier à nossa mente, por "não quero", e assim o tratamento psicológico é capaz de avançar.

No entanto, mente autoconsciente também é uma espécie de cilada, pois a habilidade do cérebro humano de "aprender" é tão avançada que podemos adquirir determinadas percepções indiretamente, a partir da experiência de outras pessoas.

Mas, uma vez que aceitamos essas percepções como "verdades", elas se tornam definitivas em nosso cérebro e passam a ser nossas próprias "verdades". E aí está o problema: e quando as percepções de nossos "modelos" estão erradas? Acabamos absorvendo informações imprecisas.

Consequentemente, as impressões equivocadas não são "monitoradas" e acabam nos fazendo desenvolver comportamentos inapropriados e limitadores. Por exemplo: existe uma ideia socialmente difundida de que todas as cobras são perigosas. Provavelmente se nos deparássemos com uma cobra na rua ou em casa, nossa primeira reação seria sair correndo. O sistema de memória subconsciente capta e armazena sem filtros e muito rapidamente todo tipo de percepção do ambiente sobre objetos e situações que ameacem a vida ou o corpo físico. Se nos ensinaram que cobras são perigosas, toda vez que se depara com uma delas, você adota (inconscientemente) uma postura defensiva para se proteger.

Mas, e se um herpetologista encontrasse uma cobra? Ele ficaria curioso e talvez até contente ao descobrir que aquela cobra não é perigosa. Iria pegá-la e se divertir, estudando seu comportamento. Para os herpetologistas, a nossa reação programada de fugir da cobra é algo irracional, pois nem todas as cobras são perigosas. Lamentam que a maioria das pessoas não tenha o prazer de estudar essas criaturas tão interessantes. Portanto, a mesma cobra, ou seja, o mesmo estímulo é capaz de gerar reações completamente diferentes.

Nossas respostas aos estímulos do ambiente são controladas pela percepção: no entanto, nem todas as formas de percepção que temos são precisas, assim como nem todas as cobras são perigosas. A percepção, de certa forma, "controla" o organismo, mas, como já vimos, ela nem sempre é precisa. Um sinônimo adequado para esse tipo de percepção que controla o comportamento é a palavra crença. As crenças controlam o organismo.

Pense no significado dessa frase.

Temos a capacidade de avaliar conscientemente nossas respostas aos estímulos do ambiente e de modificar determinadas reações arraigadas em nosso sistema a qualquer momento, bastando para isso manipular a poderosa mente subconsciente. O mais importante é termos consciência de que nossos genes ou nosso comportamento autodestrutivo não são algo definitivo e imutável a que estamos presos.

18 Efeito placebo

É BEM DIFUNDIDO socialmente, ainda que de forma leve, o conceito de que a mente tem influência direta sobre o corpo e se sabe que as pessoas se sentem melhor quando pensam (ainda que não seja verdade) que estão tomando medicamentos. É o famoso efeito placebo.

Mas o assunto é abordado muito rápida e superficialmente nas escolas de medicina. Os professores passam logo às matérias que tratam das verdadeiras ferramentas modernas: as drogas e a cirurgia.

Infelizmente, isso é um grande erro. O efeito placebo deveria ser um dos principais tópicos para estudantes de medicina. Os médicos deveriam ser treinados para reconhecer o poder de nossos recursos internos, e não para considerar o poder da mente como algo simples e inferior ao poder dos elementos químicos ou de um bisturi. Está na hora de deixarem de lado sua convicção de que o corpo e seus membros são desprovidos de inteligência e que precisamos de elementos externos para manter a saúde. O efeito placebo deveria ser alvo de pesquisas patrocinadas.

Se os pesquisadores descobrissem como utilizar o efeito placebo, poderíamos ter uma ferramenta mais eficiente, à base de energia mental e sem efeitos colaterais, para tratar as doenças. Os profissionais que utilizam a energia como instrumento de cura afirmam já ter essas ferramentas; porém, quanto mais descobrirmos sobre a ciência do placebo, mais facilmente poderemos utilizá-la sob condições clínicas.

Provavelmente esse desprezo da medicina em relação à mente seja resultado, não apenas do pensamento dogmático, mas também de aspectos financeiros. Se o poder da mente pode curar doenças, para que ir ao médico? E o mais importante: por que tomar remédios?

E, no entanto, na maioria dos experimentos, os medicamentos "falsos" têm o mesmo efeito que os grandes coquetéis químicos em uma boa parcela das pessoas testadas. Mas os médicos não são treinados para lidar com o efeito placebo. Como eu disse anteriormente, uma das minhas áreas de formação é a antropologia, e a história da medicina é também a história do placebo. Na maior parte da trajetória da humanidade, os "médicos" não dispunham de métodos eficazes para curar as doenças, muito menos saber o que causava as doenças. Assustamo-nos com os métodos utilizados no passado para o tratamento das enfermidades, não raro anti-higiênicos, dolorosos e até desumanos. Assusta mais ainda quando notamos que tais métodos se estenderam por décadas e até centenas de anos. Como isso foi possível?

A resposta é simples: um terço dos seres humanos é suscetível ao placebo. São os que apresentavam melhoras com os tratamentos bizarros da Antiguidade. E continua sendo a terça parte que apresenta resultado com relação a muitos dos tratamentos empregados atualmente.

E, mesmo no mundo de hoje, quando os médicos receitam um tratamento, os pacientes acreditam que vão melhorar, e muitos acabam melhorando mesmo, seja por meio de pílulas realmente eficientes ou apenas pelo poder da crença. Embora a questão de como o placebo age ainda seja ignorada pela medicina, alguns pesquisadores já começam a prestar mais atenção no assunto. Os resultados de seus estudos sugerem que não apenas os tratamentos utilizados por nossos antepassados, mas também a sofisticada tecnologia da medicina atual, com todas as suas ferramentas "concretas", podem estimular o efeito placebo.

Um estudo[43] avaliou o resultado de cirurgias em pacientes com problemas sérios de dores nos joelhos. O principal autor do estu-

43 *New England Journal of Medicine*, em 2002, Escola de Medicina Baylor.

do, doutor Bruce Moseley, conservava a certeza de que a cirurgia ajudava seus pacientes e, embora acreditasse em um possível efeito placebo em medicamentos, achava impossível efeito placebo existir em intervenções cirúrgicas. Mas a ideia inicial do estudo em questão não estava relacionada com o efeito placebo; era, na verdade, descobrir qual parte da cirurgia trazia maior alívio aos pacientes.

Assim dividiu os pacientes em três grupos e raspou a região da cartilagem danificada de um grupo. No outro grupo, afastou a junta do joelho e eliminou, com a ajuda de um jato d'água, a parte que imaginava estar causando a inflamação. Os dois métodos são considerados tratamentos-padrão para problemas de artrite nos joelhos. Já no terceiro grupo, Moseley simulou uma cirurgia. Sedou o paciente e fez três incisões em seu joelho. Durante todo o tempo agiu como se estivesse realmente executando a cirurgia. Jogou até água sobre o local para simular o procedimento. Após 40 minutos costurou as incisões. Prescreveu aos pacientes dos três grupos o mesmo tratamento pós-cirurgia, que incluía um programa de exercícios.

O resultado foi impressionante. Os grupos que receberam a cirurgia de verdade obtiveram melhoras. Mas o grupo placebo também. A conclusão é que, apesar de serem realizadas milhares de cirurgias em joelhos com artrite por ano, uma coisa ficou muito clara para Moseley, que declarou que suas habilidades como cirurgião aparentemente não resultaram benefício algum para os pacientes e que o único efeito em todas elas foi o placebo, ainda afirmando que a mente seria capaz de verdadeiros milagres. Os pacientes só foram informados de que não haviam sido operados de verdade dois anos depois, e continuavam saudáveis. Um deles havia abandonado a bengala de vez e conseguia, inclusive, jogar basquete.

Estudos[44] já mostram que o efeito placebo também é eficaz no tratamento de diversas outras doenças, como a asma e o mal de Parkinson. Em casos de depressão, já se tornou um dos principais métodos utilizados, algo tão comum, que há profissionais que sugerem pílulas de açúcar como primeiro tratamento em casos de depressão moderada. Os pacientes são informados de que estão tomando re-

44 Walter Brown, Brown University School of Medicine.

médios sem ingredientes ativos, mas isso não atrapalha o tratamento. Pesquisas mostram que mesmo quando eles sabem que estão tomando placebo, o efeito acaba sendo positivo.

Uma indicação do poder do placebo é apresentada em um relatório do Departamento Norte-americano de Saúde e Assistência Social. Segundo o documento, metade dos pacientes com depressão profunda que toma medicamentos com ingredientes ativos melhora, e 32% daqueles que tomam placebo obtêm os mesmos resultados.

Mesmo esse estudo, porém, subestima o poder do placebo, pois muitos participantes da pesquisa percebem que estão tomando um medicamento verdadeiro porque sentem os efeitos colaterais que os outros, que tomam apenas placebo, não sentem. Então, uma vez acreditando que estão tomando pílulas de verdade, tornam-se ainda mais suscetíveis ao efeito placebo, convencidos do efeito do medicamento, pelo estímulo mental recebido pelos efeitos colaterais.

Alguns pesquisadores[45] já dispõem de dados que mostram que 80% do efeito dos antidepressivos, segundo experiências clínicas, podem ser atribuídos ao efeito placebo. Os números mostram que em mais da metade dos casos os antidepressivos não foram mais eficazes que o placebo, sendo que a diferença entre o efeito das drogas e o do placebo foi quase insignificante sob o ponto de vista clínico.

Apesar das pesquisas otimistas, ainda é cedo para que seja anunciado o fim dos medicamentos e das cirurgias. O que as análises mostram é que todos nós somos uma parte ativa de todos os tratamentos que dizem respeito à nossa saúde e que pelo mundo afora uma terça parte das pessoas está conseguindo se curar apenas acreditando que pode. Não sabemos se fazemos parte ou não dessa terça parte. Nesse ínterim, o único hábito que não é saudável é o de relegar apenas a terceiros a responsabilidade pela nossa melhora e esquecer que a maior responsabilidade pela nossa saúde cabe a nós mesmos e nossa maneira de agir e pensar.

45 Prevention & Treatment, da American Psychological Association (Associação Psicológica Norte-Americana), de 2002, artigo "The emperor's new drugs" (As novas drogas do imperador), do professor de Psicologia Irving Kirsch, da Universidade de Connecticut.

19 Efeito nocebo

A MAIORIA DOS médicos conhece bem o efeito placebo, mas muito poucos prestam atenção à sua capacidade de levar à autocura. Se o pensamento positivo pode tirar alguém da depressão e curar um joelho com problemas, imagine o que o pensamento negativo pode fazer. Quando a mente faz com que a saúde de uma pessoa melhore, chamamos o processo de efeito placebo. Já quando a mente emite sugestões negativas que podem afetar a saúde, os efeitos causados são chamados nocebos.

Na medicina, o efeito nocebo pode ser tão poderoso quanto o placebo. Tenha isso em mente toda vez que pisar em um consultório médico. Os médicos, não raro, transmitem mensagens desanimadoras aos pacientes. Quem nunca ouviu histórias sobre pessoas que foram "desenganadas" pelos médicos ou que só tinham "seis meses de vida"? Minha esposa, certa vez, recebeu, junto com o diagnóstico de hipertireoidismo, a explicação de que "nunca iria se curar" e que "teria que se tratar pelo resto da vida". Após um tratamento fluidoterápico na casa espírita, envolvendo passes magnéticos, água fluidificada e mentalização, o quadro da enfermidade foi revertido em poucos meses. Há anos minha esposa faz um acompanhamento periódico, e os sintomas não voltaram mais. Muitas pessoas, porém, a quem foram dados "seis meses de vida", estão morrendo em apenas três, justamente por acreditar nas palavras de seu médico.

Em 1974, um homem chamado Sam Londe[46], vendedor aposentado e paciente do dr. Clifton Meador[47], médico de Nashville, foi diagnosticado com câncer de esôfago, uma doença considerada, na época, 100% fatal. Apesar de todos os tratamentos, os médicos acreditavam que não havia chance de cura e ninguém se surpreendeu com sua morte, algumas semanas depois de anunciado o diagnóstico.

A surpresa veio depois de sua morte, quando uma autópsia revelou que havia muito pouco vestígio de câncer em seu corpo, uma quantidade insuficiente para matá-lo. Apenas alguns pontos no fígado e um no pulmão. Nenhum sinal do câncer de esôfago que todos supunham ter sido a causa da morte. Meador afirmou, após a descoberta, que o homem morrera *com* câncer, não *de* câncer, mas que na época do diagnóstico ele acreditou que seu paciente estivesse com a enfermidade e seu paciente também passou a acreditar, o que o levou a questionar o poder do diagnóstico: "Será que, de algum modo, fui corresponsável pela sua morte?"

Muitos casos de nocebo mostram que nossos médicos, pais e professores podem diminuir ou mesmo eliminar nossas esperanças programando-nos para acreditar que não temos capacidade ou forças para reagir. Nossas crenças positivas e negativas têm impacto, não apenas sobre nossa saúde como também sobre outros aspectos de nossa vida.

Henry Ford tem uma frase espetacular que entrou para a História: "Não importa se você acredita ou não que pode fazer algo. Você está certo".

Pense no ato do cientista que tomou um copo cheio de água com bactérias que a medicina afirmava causar cólera e nas pessoas que caminham sobre carvão em brasa sem se queimar. Se por um instante sequer elas vacilassem, sofreriam sérias queimaduras. Suas crenças agem como filtros e sua biologia se adapta a elas. Quando reconhecemos o poder de nossas crenças, descobrimos a chave que pode nos dar a liberdade. Se não podemos modificar nossos códigos de programação genética, podemos modificar nossa mente, como

46 Discovery Health Channel, de 2003.
47 Que estuda há 30 anos os efeitos nocebo.

afirma o espírito André Luiz, para que nossas predisposições mórbidas, caso haja alguma, nunca se manifestem.

Na vida podemos escolher viver com medo ou com amor. Há sempre essas duas possibilidades. Quem escolhe o amor vive com mais saúde. Mas quem escolhe o mundo escuro do medo tem muito mais problemas, pois se isola, fisiologicamente, tentando se proteger.

Aprender a mudar a mente para crescer e se desenvolver é o segredo da vida. Jesus já dizia isso séculos atrás. Agora a ciência está caminhando na mesma direção. Não são nossos genes, mas sim nossas crenças que controlam nossa vida, "oh, homens de pouca fé"![48]

Como dizia Mahatma Gandhi: "Suas crenças se tornam seus pensamentos. Seus pensamentos se tornam suas palavras. Suas palavras se tornam suas ações. Suas ações se tornam seus hábitos. Seus hábitos se tornam seus valores. Seus valores se tornam o seu destino".

48 Mateus 14:31.

20 Mecanismos de sobrevivência

A EVOLUÇÃO NOS trouxe diversos mecanismos de sobrevivência que podem ser divididos, grosso modo, em duas categorias: crescimento e proteção. Representam a base do comportamento que garante a vida dos organismos.

Você pode não perceber, mas o crescimento é um fator vital para sua sobrevivência mesmo que você seja adulto. Todos os dias, bilhões de células em seu corpo se desgastam e precisam ser substituídas. Por exemplo: todo o revestimento celular interno de seus intestinos é renovado a cada 72 horas. Para manter essa reposição constante de células o corpo despende uma grande quantidade de energia diariamente.

Em um estudo sobre clonagem de células endoteliais humanas[49], observou-se que elas se afastavam das toxinas que eram introduzidas em seu ambiente. Notou-se também que se moviam ou gravitavam em direção aos nutrientes.

Esses dois movimentos opostos definem as duas reações celulares aos estímulos ambientais: a primeira é ir em direção a um sinal que promove a continuidade da vida - como os nutrientes - e que caracteriza uma resposta de crescimento, e a segunda é mover-se em direção oposta a um sinal ameaçador - como toxinas - que caracteriza uma reação de proteção. Também deve-se observar que alguns

49 *A biologia da crença*, Bruce H. Lipton.

estímulos do ambiente são neutros e não geram reações de crescimento ou mesmo de proteção.

Tais pesquisas mostraram que estes comportamentos de crescimento e proteção também são essenciais para a sobrevivência de organismos multicelulares, como os seres humanos. Mas há um detalhe a ser mencionado sobre estes mecanismos opostos de sobrevivência que se desenvolvem há bilhões de anos: os dois não podem operar simultaneamente, ou seja, as células não podem se mover ao mesmo tempo para frente e para trás, não podem crescer e, ao mesmo tempo, se proteger.

Os seres humanos também restringem seu comportamento de crescimento quando adotam o comportamento de proteção. A redistribuição das reservas de energia para a reação de proteção invariavelmente resulta na paralisação e até redução do crescimento. Além de desviar energia para a manutenção de tecidos e órgãos necessários para a reação de proteção, há mais um motivo para que o processo de crescimento seja inibido. Esse processo requer uma troca entre o organismo e o ambiente.

Por exemplo: os alimentos são ingeridos e o que não é utilizado pelo corpo é expelido. Portanto, a reação de proteção fecha o sistema para proteger o organismo de qualquer ameaça externa, deixamos de absorver as possíveis toxinas, mas também os nutrientes e não eliminamos os dejetos.

Inibir o crescimento também debilita o sistema, pois crescer é um processo que não só consome, mas gera energia. Como consequência, situações que envolvam reações prolongadas de proteção inibem a produção da energia que mantém a vida. Quanto mais um organismo permanece nesse estado, mais comprometido se torna seu nível de energia.

Mas, quando é necessário, nem todos os 70 trilhões de células do nosso organismo têm de entrar em processo de crescimento ou proteção ao mesmo tempo. A proporção de células envolvidas em cada um dos processos depende da ameaça que o corpo capta. Podemos sobreviver algum tempo sob estresse, por exemplo, mas uma inibição crônica do mecanismo de crescimento pode comprometer severamente nossa vitalidade.

Também é importante dizer que vivenciar a vitalidade plena é mais que simplesmente eliminar os fatores de estresse. Na sequência contínua de crescimento e proteção, eliminar os fatores de estresse somente nos coloca em um ponto neutro do processo. Para estar bem de verdade, precisamos não apenas eliminar os fatores estressantes como também vivenciar momentos intensos de alegria, amor e satisfação que estimulem nosso processo de crescimento.

No corpo humano, os padrões de crescimento e proteção são controlados pelo sistema nervoso, responsável por monitorar e interpretar os sinais do ambiente e estimular reações apropriadas.

O sistema nervoso age como o líder da nação que governa os cidadãos. Sempre que surge um aviso de situação de ameaça ou de estresse no ambiente sua função é alertar a comunidade celular. O hipotálamo recebe e reconhece os sinais do ambiente, e a função da pituitária coloca os órgãos do corpo em ação. Como resposta às ameaças do ambiente, a pituitária envia um sinal às glândulas endócrinas para que elas acionem e coordenem a reação "fuga/luta" do corpo através de hormônios. Esses hormônios de estresse coordenam as funções dos órgãos do corpo e nos fornecem condições psicológicas para lidar melhor com as situações de perigo. Uma vez soado o alarme endocrinológico, os hormônios de estresse liberados na corrente sanguínea fazem com que os vasos sanguíneos do trato digestivo se contraiam, forçando o sangue que fornece energia a dar prioridade aos tecidos dos braços e pernas para que possamos nos mover com mais rapidez.

Antes de ser enviado às extremidades, esse sangue estava concentrado nos órgãos viscerais. A redistribuição dele resulta na inibição das funções relacionadas ao crescimento. Sem um fluxo regular de sangue, os órgãos reduzem ações vitais como digestão, absorção, excreção e todas as outras que envolvem o crescimento das células e a produção de reservas de energia. Portanto, o estresse compromete a sobrevivência do corpo ao interferir em suas reservas de energia.

O segundo sistema de proteção do corpo é o sistema imunológico, que protege o organismo das ameaças que surgem sob a pele, como as causadas por bactérias e vírus. Quando acionado, o sistema imunológico consome grandes quantidades de energia. Para se ter uma ideia da quantidade de energia gasta neste processo, lembre-se de como você se sente fraco quando seu corpo é atacado por infecções como gripes e resfriados.

Os hormônios endocrinológicos inibem a ação do sistema imunológico para manter as reservas de energia. Na verdade, esses hormônios de estresse são tão eficazes na redução das funções do sistema imunológico que os médicos os injetam em pacientes que passam por transplantes para que seu sistema imunológico não rejeite os órgãos implantados.

Mas por que o sistema endocrinológico inibe o imunológico?

Imagine que você está em uma cabana no meio da savana da África e seu organismo foi atacado por uma infecção bacteriana que lhe causou uma forte diarreia. De repente, você ouve o rugido de um leão do lado de fora. Seu cérebro tem de tomar uma decisão rápida sobre qual ameaça deve ser priorizada. Não adianta reagir às bactérias se o leão acabar devorando você. Então, o corpo interrompe a luta contra as bactérias e utiliza a energia para a fuga.

Mas além de interferir em nossa capacidade de combater doenças, nossa capacidade de pensar com clareza também é afetada. O processamento de informações na parte anterior do cérebro, o centro da razão e da lógica, é significativamente mais lento que a atividade reflexa controlada pela parte posterior. Em situações de emergência, quanto mais rápido for o processamento, maiores serão as chances de sobrevivência do organismo.

Os hormônios endocrinológicos contraem os vasos sanguíneos da parte anterior do cérebro, reduzindo suas funções. Além disso, os hormônios reduzem a atividade do córtex pré-frontal, o centro da ação consciente e voluntária. Em uma emergência, o fluxo vascular e os hormônios ativam a parte posterior, fonte de reflexos que mantêm e controlam de maneira mais eficaz os reflexos de luta ou fuga. Embora aumentem as chances de sobrevivência, os sinais de estresse podem causar um processamento mais lento da mente consciente e também a redução da inteligência. É um preço a se pagar pela sobrevivência.

São dados concretos que nos auxiliam a entender por que é que o descanso, as atitudes serenas e a tranquilidade podem ser fatores importantíssimos para nosso restabelecimento físico. Da mesma forma entendemos por que é que, quando estamos nervosos, não raro agimos "sem pensar", tomando atitudes das quais nos arrependemos posteriormente. Porém, falaremos mais disso logo a seguir.

21 O medo pode matar

QUANTO MAIS TENSOS ou com medo ficamos, menos inteligência demonstramos. Mas esse mecanismo não foi desenvolvido para ser constantemente ativado ou ficar ativo por longos períodos de tempo. No mundo de hoje, a maioria das situações de estresse que vivenciamos não tem um perfil físico e concreto ao qual podemos simplesmente reagir ou fugir e continuar a viver normalmente.

Somos constantemente perturbados por uma série de problemas não resolvidos em nossa rotina, em nosso trabalho e em nossa comunidade global. Não são situações que ameaçam diretamente nossa sobrevivência, mas que resultam em níveis crônicos e elevados de hormônios de estresse.

Um número cada vez maior de estudos e pesquisas mostra que nosso estado constante de tensão e vigília acaba afetando severamente nossa saúde. As situações estressantes a que estamos expostos em nosso dia a dia preparam constantemente nosso corpo para a ação, com nossos organismos liberando hormônios de adrenalina, para facilitar uma reação de fuga e preparando os músculos para a árdua tarefa que possivelmente os espera. Mas, o estresse de toda a pressão, medo e preocupação não é liberado.

Grande parte das doenças humanas está relacionada ao estresse crônico. Em um estudo[50] recente, pesquisadores questionaram por que pacientes que utilizam medicamentos antidepressivos não apresentam melhora imediata.

Sabe-se que é necessário um período de, ao menos, duas semanas para que os medicamentos comecem a produzir os efeitos. O estudo revelou que pessoas com depressão apresentam uma surpreendente falta de divisão de células na região do cérebro chamada hipocampo, uma parte do sistema nervoso relacionada com a memória.

As células do hipocampo se renovaram e se dividiram à medida que os pacientes começaram a sentir as mudanças de humor causadas pelos medicamentos. Esse e outros estudos colocam em jogo a teoria de que a depressão é o resultado de um "desequilíbrio químico" que afeta a produção de hormônios, como a serotonina. Se fosse algo tão simples, as drogas restaurariam o equilíbrio químico imediatamente após sua ingestão.

Cada vez mais pesquisadores associam a inibição do crescimento neural pelos hormônios de estresse à depressão. Em pacientes com depressão crônica, o hipocampo e o córtex pré-frontal, o centro do raciocínio, encontra-se fisicamente retraído.

Uma hipótese hoje considerada provável é a de que o estresse seja a causa de sobrecarga no cérebro que leva à depressão. O efeito hormonal sobre o organismo seria um reflexo do efeito do estresse sobre a população humana. Imagine a humanidade na época da guerra fria, em que a possibilidade de um ataque nuclear dos russos rondava o tempo todo a mente dos norte-americanos.

No capítulo 4 sugerimos que nossas células poderiam ser vistas como pequeninos seres humanos. E se esse reino harmônico fosse ameaçado por uma guerra e começasse a chover flechas, lanças e pedras sobre a população? Naturalmente, os cidadãos, agindo em defesa da própria vida, iriam em busca de proteção. Depois de alguns minutos, após o ataque cessar, soariam as trombetas alertando que o perigo passara. Todos voltariam às atividades corriqueiras. Porém, o que aconteceria se todos corressem para o abrigo e a trombeta não soasse, avisando sobre o fim do perigo? Todos permaneceriam nos

50 *Revista Science*, 2003.

abrigos indefinidamente. Quanto tempo resistiriam? A comunidade ruiria diante da falta de água e alimentos. Todos morreriam, até mesmo os mais fortes, porque o estresse crônico debilita.

As funções orgânicas sobrevivem a períodos mais curtos de estresse, como algumas horas, mas períodos muito prolongados inibem o crescimento das células e destroem o organismo. Deixar de ter medo é o primeiro passo para se viver de maneira mais completa e feliz.

22 Mentalização

UMA FAMOSA PESQUISA não-científica sobre o poder da mentalização e das vibrações foi empreendida pelo fotógrafo e escritor japonês Masaru Emoto, publicada na série de livros *As mensagens da água*. Durante anos ele estudou o comportamento de cristais de água, num trabalho que ele mesmo afirmava ter mais influência das ciências culturais do que das naturais.

Tudo começou quando ele adquiriu um analisador de ressonância magnética[51] em uma viagem aos EUA. Com o aparelho ele afirmava conseguir transferir determinados tipos de vibração para a água, dando-lhe certas propriedades, capazes de aliviar sintomas de certas enfermidades, e documentou mais de 15.000 pessoas que foram tratadas com resultados positivos por esse método. Ele mesmo afirmava que era difícil entender como a água seria capaz de reter informação, mesmo já tendo lido algumas pesquisas não-conclusivas a respeito.

Foi quando um livro que leu o fez repensar a metodologia que utilizava, chamado *The day that lighting chased the housewife*[52], que o despertou para o fato de que não existiam dois flocos de neve iguais. E pensou que, provavelmente, como neve é água, também não exis-

51 MRA – Magnetic Resonance Analyzer.

52 *O dia em que o relâmpago perseguiu a dona de casa.*

tiriam dois cristais de água congelada iguais. Passou a congelar água em pequenos potes e analisar sua estrutura sob o microscópio. No entanto, por dois meses os resultados foram frustrantes, devido à dificuldade em se fotografar cristais microscópicos. Mas, após sessenta dias, obteve-se uma foto, que revelou um cristal de estrutura harmônica, geometricamente perfeito. Descoberto um meio de se registrar os cristais, passou a tirar fotos de várias amostras do mesmo tipo de água. Porém, uma das primeiras constatações que fez foi de que a água de torneira congelada raramente formava cristais geométricos e harmônicos; muito pelo contrário, na maioria das amostras a água congelava e formava cristais disformes, totalmente distorcidos e aleatórios.

Mas por que existiam amostras de água que apresentavam lindos cristais, parecendo esculpidos por alguma inteligência invisível, e outras que não apresentavam forma alguma?

Para tirar a prova, buscou uma fonte mais pura de água e foi até uma catarata buscar água corrente diretamente de uma fonte natural para fazer um teste comparativo. Como resultado, todas as amostras da água natural formaram cristais hexagonais tridimensionais perfeitos, com extremidades delicadas que cresciam a partir de seus vértices.

Tais imagens levaram Masaru Emoto a acreditar que havia informações ocultas na água, das quais ele só era capaz de captar o efeito. Sendo assim, determinadas fontes de água poderiam ter sua "essência" ou suas "informações primárias" comprometidas, como no caso da água de torneira, enquanto outras fontes, como as naturais e limpas, poderiam conter a água com suas propriedades e "informações primárias" ainda intactas.

Mas o que definiria essas propriedades, ou que informações seriam essas, se quimicamente a água de torneira era idêntica à água de fontes naturais? O que as fotos demonstravam, afinal?

A equipe de pesquisa então passou a aplicar a amostras de água destilada influências variadas. Uma delas foi a música clássica. Todos os cristais apresentavam estruturas geometricamente perfeitas, variando formas, conforme o compositor clássico. A experiência foi tão bem-sucedida, que, pela forma como os cristais se apresentavam sob o microscópio, poder-se-ia inclusive descrever a qual compositor a amostra havia sido exposta. Sim, a água era capaz de reter informação não-química, em nível molecular.

As moléculas de água, influenciadas pela música clássica, tornavam-se muito semelhantes aos cristais da água coletada em fontes naturais, o que dava a entender que a música seria capaz de devolver à água certas propriedades primárias, sua essência original.

Um outro teste que trouxe interessantes resultados foi o de colar aos frascos das amostras palavras escritas. Uma amostra "imantada" com a palavra "obrigado" apresentou um lindo cristal, enquanto outra, que tinha a palavra "idiota", apresentou um congelamento onde não se formou desenho algum. Os resultados se repetiram da mesma forma, sob a influência de diversas outras palavras, positivas ou negativas.

A seguir, a imagem dos dois cristais de gelo que se formaram a partir da água imantada congelada:

Palavras Positivas

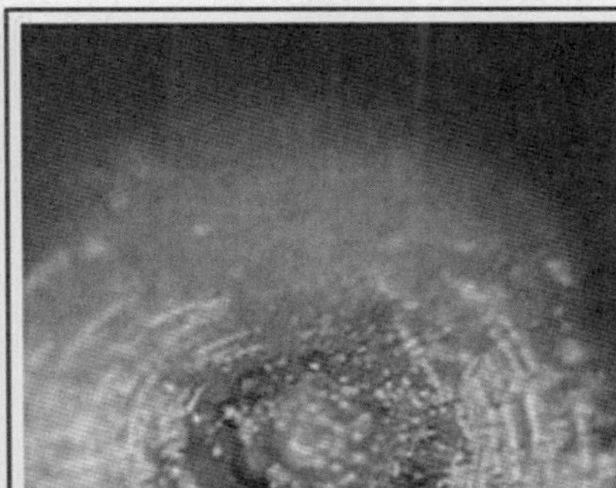

Palavras Negativas

Fonte: www.masaru-emoto.net

Motivados pelas experiências de Masaru, uma mãe e seu filho fizeram uma experiência similar e adesivaram dois frascos com arroz cozido dentro, um com a palavra "obrigado" e outro com a palavra "idiota" e os taparam. Todos os dias, durante 1 mês, eles "repetiam" para cada frasco o que estava escrito neles. O resultado foi impactante: o frasco, no qual estava escrito "obrigado" e para o qual repetiam "obrigado" todos os dias, não apresentava sinal algum de decomposição: ainda estava branco e apresentava-se, inclusive, perfumado. O outro apresentava sinais de decomposição avançada, enegrecido e com odor fétido.

A equipe de Masaru fez então uma outra experiência e, reunindo alguns voluntários, colocou-os de mãos dadas ao redor de amostras de água de torneira - aquelas que apresentavam um congelamento distorcido e sem forma - e solicitou que agradecessem a água e emitissem a ela bons pensamentos. O resultado foi o surgimento de lindos cristais geométricos de todas as amostras.

Apesar de Masaru Emoto não ser um cientista e não ter qualquer diploma em física ou química, seu exercício nos mostra o quanto ainda precisamos aprender sobre o poder da mente e das vibrações que emitimos e o quanto estas podem ser poderosas. Suas pesquisas não são conclusivas, mas, levando-se em conta que o organismo de uma pessoa adulta é formado por mais de 60% de água, As mensagens da água abrem um precedente importante para que entendamos o quanto podemos estar prejudicando a nós mesmos ou até as pessoas ao nosso redor com um simples pensamento.

Joanna de Ângelis (espírito), em sua obra *Após a tempestade,* psicografada por Divaldo Pereira Franco, no capítulo Poluição e psicosfera, emite um alerta aos espíritas: "Todavia, o homem ingere e disparte mais terrível poluição, venenosa quão irrefreável graças ao cultivo de lamentáveis atitudes em que persevera e se compraz: referimo-nos à poluição mental que interfere na ecologia psicosférica da vida inteligente, intoxicando de dentro para fora e desarticulando de fora para dentro".

23 Os fluidos

NO ANO DE 1855, quando Allan Kardec assistiu pela primeira vez uma reunião em que acontecia o fenômeno das mesas girantes, iniciou uma série de pesquisas práticas, não só sobre as inteligências invisíveis capazes de realizar tal fenômeno, mas também sobre essa energia capaz de fazer com que mesas e médiuns não só levitassem, mas se movessem das mais variadas formas.

Como nosso objetivo na presente obra não é explorar a biografia de Allan Kardec, nem as origens do espiritismo, assunto já abordado por vários e competentes autores, vamos nos concentrar no que o codificador descobriu sobre essa "energia", os chamados fluidos, e as principais experiências feitas com eles.

No primeiro livro da codificação[53], as entidades venerandas afirmam que no Universo existem os elementos material e espiritual, além de uma força, chamada fluido cósmico universal, uma espécie de energia, imponderável e imperceptível aos nossos sentidos, que permitiria ao elemento material sofrer a ação do elemento espiritual. As entidades ainda explicam que esse fluido é suscetível a inúmeras combinações, e que, por exemplo, o fluido elétrico e o fluido magnético e até a gravidade, força de atração capaz de fazer os astros orbi-

53 *O Livro dos Espíritos*, de Allan Kardec, questão 27.

tarem um ao redor do outro, nada mais eram do que modificações do fluido universal.

Mas o princípio do fluido cósmico universal não era uma novidade trazida pelo espiritismo nascente. *Os vedas*[54] já traziam um conceito parecido com o revelado pelos espíritos a Kardec, onde *parabrahman* seria uma representação do elemento espiritual, ou não manifestado da existência; *brahman*, como a parte manifestada da existência, ou elemento material, e *mulaprakriti*, uma substância primordial exalada de *parabrahman* e responsável pela manifestação de *brahman*. Um conceito muito próximo ao codificado por Allan Kardec.

Espíritos ainda instruíram o codificador sobre nosso próprio organismo, informando tratar-se de uma versão adaptada do fluido cósmico universal, que Kardec chamou perispírito[55], o qual seria um elemento de ligação entre o espírito e o corpo físico, animando-o. Esse corpo fluídico, semimaterial, acompanharia o espírito mesmo após a desencarnação, sendo elemento indissociável e peça-chave para que um desencarnado pudesse ainda interagir com o mundo físico, realizando fenômenos.

Kardec utilizava como analogia ao caráter etéreo, porém poderoso, dos fluidos a característica dos gases combustíveis, as propriedades do ar, da energia elétrica ou do magnetismo, que são elementos poderosos, mas invisíveis.

Mas a verdadeira chave para se entender os fenômenos paranormais vislumbrados pelos pesquisadores espíritas do século XIX foi dada pelos próprios espíritos, ao afirmarem que todos os efeitos físicos sobrenaturais observados ao longo da História humana eram

---

54 *Os vedas* são quatro obras, compostas em um idioma chamado sânscrito védico, de onde se originou posteriormente o sânscrito clássico. Há muitas dúvidas sobre a época em que os vedas foram compostos. Estima-se que as partes mais novas dos vedas datam de aproximadamente 1000 a.C.; o texto mais antigo (Rigveda) encontrado é, atualmente, datado de aproximadamente 1500 a.C. ou 2000 a.C., mas a maioria dos indólogos concordam com a possibilidade de que uma longa tradição oral existiu antes disso. Representam o mais antigo extrato de literatura indiana.

55 Nome alusivo ao perisperma das frutas.

realizados por inteligências desencarnadas ao combinar uma parte do fluido universal com o fluido anímico, próprio àquele efeito, emitido por um encarnado[56], que atuaria como um médium de efeitos físicos, mesmo sem ter a consciência disso.

Allan Kardec, sobretudo em *O Livro dos Médiuns*, abordou detalhadamente cada fenômeno que presenciou, como, por exemplo, o movimento de móveis e de pessoas, capazes de flutuar; os fenômenos de transporte de objetos (teletransporte); materializações de espíritos diversos, inclusive de encarnados, fenômenos de voz direta e escrita direta, ou seja, quando os próprios espíritos falavam ou escreviam. Todos possíveis com o auxílio do fluido anímico dos encarnados.

Outros pesquisadores, como William Crookes, puderam comprovar o poder das materializações fluídicas ao conseguir aferir a pressão e conferir os batimentos cardíacos do perispírito vaporoso de uma entidade materializada, de onde se podia ver claramente a emissão fluídica, na forma de um vapor esbranquiçado, sendo emitido pela boca e narinas de médiuns de efeitos físicos, ou, no caso, médiuns de materialização. No Brasil, ficou famoso o médium Peixotinho, que, em transe, emitia grandes quantidades de fluidos vaporosos, que eram utilizados para a materialização de entidades espirituais e até para o transporte de objetos. É célebre o caso em que Peixotinho, diante de uma criança que havia aspirado um parafuso, "retirou" fluidicamente o objeto de seu pulmão sem necessidade de intervenção cirúrgica.

Atualmente, a utilização de fluidos anímicos para a realização de tratamentos de saúde é muito comum no Brasil, já que Allan Kardec havia confirmado, por meio de experiências, essa possibilidade. O fluido universal é a base do tratamento, como elemento primitivo do corpo carnal e do perispírito, os quais são simples transformações dele. Assim, pela identidade da sua natureza, esse fluido, condensado no perispírito, pode fornecer princípios reparadores ao corpo. O espírito, encarnado ou desencarnado, pode ser o agente

---

56 *O Livro dos Médiuns*, de Allan Kardec, capítulo IV, Da teoria das manifestações físicas.

propulsor que infiltra num corpo enfermo uma parte da substância do seu próprio envoltório fluídico.

A cura se opera mediante a substituição de uma molécula malsã por uma molécula sã em nível de perispírito. A extensão da capacidade curativa estará ligada à pureza do fluido inoculado, aliada à da força de vontade do receptor, aumentando o magnetismo de atração. Assim, quanto maior essa atração, maior emissão fluídica será provocada com maior força de penetração.

Foram registrados efeitos da ação fluídica muito variados sobre os doentes, de acordo com as circunstâncias. Algumas vezes, lenta e de tratamento prolongado, outras vezes rápida, como uma corrente elétrica. Foram identificadas pessoas dotadas de tal capacidade, que operaram curas instantâneas em alguns doentes, por meio apenas da imposição das mãos, ou, até, exclusivamente por ato da vontade.

Entre os dois polos extremos dessa faculdade, foram percebidos infinitos matizes. Kardec entendeu que todas as curas desse gênero são variedades do magnetismo e só diferem pela intensidade e pela rapidez da ação. O princípio é sempre o mesmo: o fluido, a desempenhar o papel de agente terapêutico.

A ação magnética pode produzir-se de três maneiras: pelo próprio fluido do magnetizador, como o magnetismo propriamente dito, o **magnetismo humano**, cuja qualidade está na razão direta das virtudes do emissor humano; pelo fluido dos espíritos, atuando diretamente e sem intermediário sobre um encarnado, seja para o curar ou acalmar um sofrimento, seja para provocar o sono, seja para exercer sobre o indivíduo uma influência física ou moral qualquer, chamado de **magnetismo espiritual**, cuja qualidade está na razão direta das virtudes (elevação moral) do espírito e pelos fluidos que os espíritos derramam sobre o magnetizador, que serve de veículo para esse derramamento. É o magnetismo misto, semiespiritual, ou, se o preferirem, **humano-espiritual**. Combinando com o fluido humano, o fluido espiritual lhe imprime qualidades de que ele carece. Em tais circunstâncias, o concurso dos espíritos é amiúde espontâneo, porém, as mais das vezes, provocado por um apelo do magnetizador.

Esse último tipo de magnetismo, humano-espiritual, é a forma que atualmente as casas espíritas se utilizam para realizar os chamados tratamentos espirituais, na forma principalmente da fluidoterapia, que envolve o passe magnético, a ingestão de água fluidificada e a mentalização, como no ato de orar, por exemplo. Inclusive vale destacar que à luz das comprovações trazidas por Allan Kardec, o tratamento fluidoterápico humano-espiritual, muito conhecido por se apresentar nas casas espíritas na forma da água fluidificada e do passe magnético, será uma forma de tratamento muito mais eficiente do que qualquer prática integrativa "similar" aos olhos dos leigos, como a homeopatia, o reiki, a imposição de mãos e outras.

Kardec não viu nada de excepcional nos fenômenos de cura que presenciou e reproduziu e julgou muito comum a faculdade de curar pela influência fluídica, podendo desenvolver-se por meio do exercício. No entanto, a de curar instantaneamente, pela imposição das mãos, era mais rara, e o seu grau máximo, excepcional. No entanto, em épocas diversas e no seio de quase todos os povos, surgiram indivíduos que a possuíam em grau eminente.

Allan Kardec conseguiu, inclusive, a façanha não só de explicar racionalmente os fenômenos realizados por Jesus, narrados nos evangelhos[57], mas também de reproduzi-los em experiências controladas, utilizando-se de médiuns diversos, cada qual detentor de uma potencialidade[58] similar à do Cristo. Um trabalho grandioso e que vem desmistificar o que as religiões cristãs consideravam até então fenômenos inexplicáveis, mistérios divinos ou os famosos "milagres".

O trabalho integral de Allan Kardec ficou registrado nas obras da codificação, cinco livros que contêm o resultado de todas as suas pesquisas e análises. No entanto, como no século XIX faltavam ainda instrumentos científicos tecnológicos, os resultados das pesquisas do codificador, bem como de outros contemporâneos, não puderam ser gravados, medidos ou registrados eletronicamente, senão

57 *A Gênese*, de Allan Kardec, Os caracteres dos milagres.

58 *O Livro dos Espíritos*, de Allan Kardec.

por meio de fotografias, mensagens escritas, depoimento de testemunhas e anotações feitas no campo.

No Brasil, já no século XX, destacou-se o médium Zé Arigó[59], que realizava cirurgias sob o comando do doutor Fritz (espírito). Em 1963, um estadunidense chamado Henri Belk, que havia erguido uma fundação para pesquisa de fenômenos paranormais, acompanhado por Andrija Puharich (ou Henry K. Puharich), especialista em bioengenharia, deslocaram-se até Congonhas do Campo (em Minas Gerais), acompanhados por dois intérpretes da Universidade do Rio de Janeiro e por Jorge Rizzini, conhecido pesquisador espírita brasileiro, para iniciar uma pesquisa com Arigó. Na ocasião, o Dr. Puharich teve extraído um lipoma de seu cotovelo esquerdo, em um procedimento indolor que consumiu apenas cinco segundos, executado com um canivete comum. A incisão de menos de 5 centímetros, com pouco sangue, não inchou, conforme documentado nitidamente em filme (em cores) por Rizzini, vindo a cicatrizar completamente, sem infecção.

Em 1968, dois outros médicos estadunidenses chegaram a Congonhas do Campo para complementar as pesquisas: os doutores Laurence John e P. Aile Breveter, da William Benk Psychic Foundation. Mesmo sem ter alcançado uma explicação conclusiva para o fenômeno, comprovaram que a prática do médium não comportava ilusionismo ou feitiçaria, declarando que 95% dos diagnósticos do médium eram corretos e que, as operações realizadas com um canivete, sem qualquer assepsia, só eram possíveis devido à sua sensibilidade, explicável apenas à luz da parapsicologia.

Apesar dos indícios irrefutáveis do poder fluídico sobre a saúde humana, a falta de uma tecnologia eficaz, capaz de captar as nuances desse processo, faz com que seja relegado à posteridade a confirmação dos resultados de tais pesquisas à luz do conhecimento científico tradicional. Enquanto isso, não só os fenômenos espirituais de valor incomparável, mas tratamentos mais cotidianos como a homeopatia, a acupuntura, a cromoterapia, a fotografia

59 José Pedro de Freitas, nascido em Congonhas do Campo (MG), em 1921, e desencarnado nesse município em 11 de janeiro de 1971, num acidente de automóvel.

Kirlian e tantos outros similares, mesmo tendo seus efeitos reconhecidos pela OMS, ainda seguem à margem dos tratamentos médicos convencionais[60].

60 Veja capítulo 34 – Terapias integrativas.

24 A importância da família

EM 1981, O dr. Thomas Verny, pioneiro na área de psiquiatria pré-natal e perinatal, mencionou, pela primeira vez na História, que criança pode ser influenciada bem antes de nascer, ainda no útero materno[61]. Na verdade, as novas descobertas da ciência confirmam o que nossos pais já sabiam desde há muito tempo: que os pais fazem toda a diferença.

Tanto psicólogos quanto neurocientistas vêm reforçando a ideia de que crianças pequenas têm, sim, boa memória e podem aprender; e que os pais não são meros espectadores do desenvolvimento dos filhos. O sistema nervoso de fetos e crianças tem habilidades sensoriais e de aprendizado muito amplas e um tipo de memória que os neurocientistas chamam de memória implícita.

Conservamos por longa data conceitos falsos sobre as crianças, acreditando serem seres simples. Elas, na verdade, são seres tão intrigantes e com pensamentos tão complexos que desafiariam a própria idade.[62] Esses seres tão pequenos e complexos têm uma vida no útero que pode influenciar profundamente seu comportamento e sua saúde, afetando certos programas orgânicos relativos à susce-

61 *The secret life of the unborn child* (A vida secreta da criança antes de nascer), de Thomas Verny.

62 *The mind of your newborn baby* (A mente do recém-nascido), de David Chamberlain.

tibilidade a doenças coronarianas, ataques cardíacos, diabetes, obesidade e diversos fatores de nossa vida após o nascimento. Recentemente, descobriu-se haver uma ligação estreita entre distúrbios crônicos comuns em adultos – como osteoporose, oscilações de humor e até mesmo psicose – e as influências sofridas em seu período pré-natal e perinatal.[63]

Reconhecer o papel do ambiente pré-natal no desenvolvimento de doenças força os cientistas a reconsiderar o determinismo genético. Há grandes evidências de que a programação da saúde e também do desempenho mental e físico de uma pessoa, em relação às condições de sua vida no útero, é tão importante quanto a dos genes, ou até mais.

Os pais podem melhorar o ambiente pré-natal de seus filhos. Ao fazer isso, estão agindo como engenheiros genéticos. A capacidade de resposta dos indivíduos às condições ambientais, captadas por sua mãe antes de seu nascimento, lhes permite aprimorar seu desenvolvimento genético e fisiológico e melhor se adaptar às projeções do ambiente.

A mesma flexibilidade epigenética humana que permite a melhora e o desenvolvimento da qualidade de vida pode ter influência negativa e levar a uma série de doenças crônicas que se manifestam com a idade, caso o indivíduo enfrente circunstâncias difíceis em termos nutricionais ou ambientais durante o período fetal e neonatal de seu desenvolvimento. As influências epigenéticas continuam após o nascimento da criança, pois os pais exercem muita influência durante o seu crescimento. Pesquisas recentes e fascinantes sobre o assunto revelam a importância da influência positiva dos pais no desenvolvimento dos filhos.

Para o cérebro em crescimento de uma criança, o mundo social oferece experiências importantes que configuram a expressão dos genes que determinam como os neurônios se conectam para criar as redes neurais que dão origem à atividade mental. Em outras palavras, as crianças necessitam de um ambiente positivo para ativar

63 *Life in the womb: the origin of health and disease* (A vida no útero: a origem da saúde e das doenças), de Peter W. Nathanielsz.

os genes que tornam o cérebro saudável. Os pais, segundo revelam uma série de pesquisas, continuam a agir como engenheiros genéticos mesmo após o nascimento de seus filhos.[64]

64 *The developing mind* (A mente em desenvolvimento), Daniel J. Siegel.

25 O poder do subconsciente

CERTA VEZ O dr. Bruce H. Lipton se dirigia para o Caribe, onde iria proferir uma palestra, pilotando uma motocicleta. Em uma curva, estando a grande velocidade, perdeu o controle, sofrendo um acidente. Bateu com a cabeça no chão fortemente. Por sorte, usava capacete. A motocicleta voou longe e ele ficou desacordado por mais de meia hora.

Apesar de não ter sofrido fraturas, nos dias seguintes ele narra que mal conseguia andar, devido ao corpo dolorido. Até que uma tarde, enquanto mancava para fora de uma sala, após dar aula, um aluno passou por ele e sugeriu que visitasse um colega de sala que era quiroprático.

Mesmo duvidando dessa prática terapêutica, devido ao estado em que se encontrava, acabou aceitando, por estar mais propenso a experimentar o tal tratamento. Foi seu primeiro contato com a cinesiologia, popularmente conhecida como teste muscular.

O quiroprático pediu para manter o braço esticado para frente enquanto ele tentava forçá-lo para baixo. Não foi difícil, já que o profissional não fez muita força. Pediu, então, que Bruce continuasse com o braço esticado, mas que dissesse a frase "meu nome é Bruce", enquanto o quiroprático fazia força para baixar seu braço. Achou que aquilo não fazia o menor sentido.

A seguir, ele pediu que continuasse com o braço estendido e resistisse à sua tentativa de empurrá-lo, mas que dissesse a frase "meu nome é Mary". Para a surpresa do dr. Bruce Lipton, o braço baixou, quando empurrado, embora o quiroprático não estivesse usando tanta força.

Lipton quis repetir o teste, mas fazendo mais força. Concentrou-se mais e esticou o braço, mas quando disse "meu nome é Mary", o quiroprático conseguiu empurrá-lo para baixo com toda facilidade. Então aquele aluno, que agora era um verdadeiro "professor", explicou que, quando nossa mente consciente tem uma crença que entra em conflito com as "verdades" armazenadas em nosso subconsciente, o resultado é o enfraquecimento dos músculos do corpo.

Sua mente consciente, exercitada e confiante por anos vividos no ambiente acadêmico, era capaz de perder o controle diante de uma simples frase que contrariava uma informação registrada no subconsciente. Bastou Lipton dizer "meu nome é Mary" para sua mente inconsciente minar todas as forças de seu braço. Aparentemente havia outra "mente", uma outra força, copilotando sua vida. Mais desconcertante ainda foi perceber que essa mente oculta da qual ele conhecia tão pouco (tinha noções muito básicas de psicologia) era mais poderosa que sua mente consciente, exatamente como Freud descrevia.

Aquela simples visita a um quiroprático acabou modificando sua vida. Localizando problemas em sua espinha dorsal por meio da cinesiologia, aquele aluno conseguia acessar o poder inato de cura de seu corpo. Ele narra que saiu daquele quarto se sentindo um novo homem, após alguns simples ajustes em sua coluna – e sem ingerir nenhum tipo de medicamento. E o mais importante: foi apresentado a um novo personagem: sua mente subconsciente. O subconsciente de Lipton "sabia" que seu nome não era Mary e por isso transmitiu um sinal para que ele não insistisse.[65]

O que mais nossa mente inconsciente "sabe" e como aprendeu tanto?

Para entender melhor esse processo podemos recorrer a um con-

---

65 *A biologia da crença,* Bruce H. Lipton.

ceito da neuroanatomia comparativa, segundo a qual quanto mais baixo está um organismo na cadeia evolutiva, menos desenvolvido é seu sistema nervoso e mais ele depende de comportamentos pré-programados (natureza).

As mariposas voam em direção à luz, as tartarugas marinhas retornam às mesmas ilhas para pôr seus ovos na praia na mesma época do ano e alguns pássaros voam quilômetros até chegar a alguns locais para reprodução. Mas até onde sabemos, nenhum desses animais tem consciência do que o leva a fazer isso. São comportamentos inatos, geneticamente incutidos no organismo e classificados como instintos.

Os organismos mais altos na cadeia têm um sistema nervoso mais complexamente integrado e comandado por um cérebro maior, que lhes permitem seguir padrões diferentes de comportamento por meio de experiência e aprendizado. A complexidade desse mecanismo de aprendizagem ambiental é presumidamente maior nos seres humanos, que estão no topo ou mais próximo do topo da cadeia de evolução.

Os estudos antropológicos revelam que os seres humanos dependem mais do aprendizado para sobreviver do que as outras espécies. Não temos instintos inatos que nos protejam automaticamente e nos levem a encontrar comida e abrigo sozinhos, por exemplo.

Claro, possuímos alguns instintos comportamentais inatos durante a infância, como o de sugar durante a amamentação, o de nos afastar do fogo e o de nadar, se somos jogados na água. Os instintos se baseiam em comportamentos fundamentais para a sobrevivência dos seres humanos, independentemente da cultura a que pertençam ou da época da História em que nasceram. Temos uma habilidade inata para nadar. Crianças nadam como golfinhos, quando nascem, mas depois adquirem medo da água por influência dos pais. Observe o que acontece quando uma criança se aproxima de uma piscina. Ela aprende com os pais que a água é perigosa, porém, depois é matriculada em um curso de natação para perder o medo que eles mesmos lhe incutiram.

E, ao longo da evolução, nossas percepções adquiridas vêm se tornando cada vez mais fortes, especialmente porque podem se sobrepor a instintos geneticamente programados. Mas os mecanismos fisiológicos do corpo (batimentos cardíacos, pressão sanguínea, fluxo de sangue, padrões de sangramento e temperatura do corpo) também são, por natureza, instintos programados.

No entanto, iogues e pessoas que usam métodos de tratamento de fobias e de depressão, por meio do controle de processos físicos diversos com aparelhagem eletrônica, aprendem a regular conscientemente essas funções "inatas". Os cientistas acreditam que, devido ao tamanho de nosso cérebro, temos habilidade de aprender esses comportamentos complexos.

Mas, claro, devemos refrear um pouco o entusiasmo em relação a essa teoria, já que os cetáceos, como os golfinhos, por exemplo, têm uma área cerebral bem maior dentro de seu crânio.

Certas descobertas, como as do neurologista britânico John Lorber[66], questionam a noção de que existe relação entre o tamanho do cérebro e a inteligência. O estudo de diversos casos de hidrocefalia (acúmulo de água no cérebro) conclui que, mesmo quando parte do córtex cerebral (a camada externa do cérebro) é inexistente, os pacientes conseguem viver e raciocinar normalmente.

Um de seus alunos da Sheffield University tinha QI de 126, havia ganho vários prêmios como melhor aluno de matemática e tinha uma vida social normal. Após queixar-se de dores de cabeça, foi submetido a um exame, onde, surpreendentemente verificou-se que, em vez de um cérebro normal de espessura de 4,5 centímetros entre os ventrículos e a superfície cortical, havia apenas uma fina camada de tecido de pouco mais de um milímetro de espessura. Seu crânio era preenchido apenas com fluido cerebrospinal. Ele não tinha cérebro, literalmente falando.

As descobertas de Lorber sugerem que devemos reconsiderar nossas crenças sobre o funcionamento do cérebro e sobre os fundamentos físicos da inteligência humana. A inteligência humana só será totalmente compreendida quando aceitarmos o poder do espírito sobre o corpo.

---

66 *Is your brain really necessary?* (Será que o cérebro é mesmo necessário?), de John Lorber, doutor neurologista britânico.

26 Os velhos conceitos começam a falhar

VOLTEMOS À ANTROPOLOGIA e ao conceito de desafio evolucionário dos seres humanos, que têm de aprender tudo rápido para sobreviver e se tornar parte da comunidade social. A evolução – juntamente com o acúmulo de sucessivas reencarnações – nos presenteou com a habilidade de absorver um número inimaginável de comportamentos e crenças em nosso sistema de memória.

Pesquisas recentes sugerem que a chave para a compreensão desse mecanismo é a atividade elétrica flutuante do cérebro, que pode ser medida por um eletroencefalograma (EEG). A definição literal de eletroencefalograma é "figuras elétricas da cabeça". Essas figuras cada vez mais sofisticadas revelam com detalhes a atividade cerebral nos seres humanos. Tanto adultos quanto crianças apresentam EEG com variação entre ondas de frequência mais baixa, chamadas *delta*, às mais altas, chamadas *beta*. No entanto, os pesquisadores observaram que a atividade EEG em crianças revela, em todos os estágios de desenvolvimento, a predominância de um tipo específico de onda cerebral.

Entre o nascimento e a idade de 2 anos, o cérebro humano opera predominantemente na frequência de EEG mais baixa[67], a faixa conhecida como ondas *teta*. Embora essa seja sua faixa predominante,

67 Entre 0,5 e 4 ciclos por segundo (Hz).

os bebês ocasionalmente apresentam momentos de atividade cerebral mais alta. Crianças começam a entrar em níveis de atividade EEG mais altos[68] com o chamado *teta*, com mais frequência e durante períodos mais longos entre os 2 e os 6 anos de idade[69]. Os hipnoterapeutas conseguem fazer com que a atividade cerebral de seus pacientes atinja *delta* e *teta* porque essas faixas de baixa frequência permitem que eles entrem em um estado mental mais sugestionável e programável.

Isso nos ajuda a entender como as crianças, cujo cérebro opera na mesma faixa de frequência entre o nascimento e os 6 anos de idade, podem armazenar o volume fantástico de informações que precisam para se adaptar e sobreviver ao ambiente. A habilidade de processar uma vasta quantidade de informações demonstra haver uma adaptação neurológica importante para facilitar esse intenso processo de aculturamento.

O ambiente humano e a convivência social exigem e causam mudanças tão rápidas que não adiantaria transmitir comportamentos culturais por meio de instintos geneticamente programados. As crianças pequenas observam o ambiente e absorvem a sabedoria do mundo, fornecida por seus pais, diretamente em seu sistema de memória subconsciente. Como resultado, passam a ter os mesmos comportamentos e crenças deles.

Uma pesquisa[70] com primatas revelou que bebês chimpanzés também aprendem observando a mãe. Alguns pesquisadores ensinaram uma mãe chimpanzé a identificar letras japonesas de cores diferentes. Quando a letra de uma cor específica era mostrada em uma tela de computador, a chimpanzé aprendeu a escolhê-la entre uma gama de cores. Quando escolhia a cor certa, recebia uma moeda, que então introduzia em uma máquina e ganhava uma fruta. Ao longo de todo o processo de treinamento, seu bebê permanecia

---

68 De 4 a 8 Hz.

69 *Quantitative EEG and neurofeedback* (EEG quantitativo e neurofeedback), de Rima Laibow.

70 Instituto de Pesquisas de Primatas (Primate Research Institute) da Universidade de Kyoto, pesquisa publicada na *Revista Science*, de 2001.

perto dela. Para a surpresa dos pesquisadores, um dia, enquanto a mãe estava tirando a fruta da máquina com a moeda, o filhote foi até o computador. Quando as letras coloridas surgiram na tela, ele escolheu o item correto, recebeu a moeda e foi até a máquina para pegar uma fruta. Isso os levou a concluir que as crianças podem absorver as habilidades mais complexas, apenas por meio da observação, sem necessidade de serem ensinadas diretamente pelos pais.

Em nós, humanos, os comportamentos básicos, crenças e atitudes dos pais também são "incorporados" às redes sinápticas de nossa mente subconsciente e, uma vez que passam a fazer parte de nós, podem controlar nossa biologia pelo resto da vida, a menos que encontremos uma maneira de reprogramá-los.

Se você duvida da sofisticação desse sistema, tente se lembrar da primeira vez que seu filho disse um palavrão. Provavelmente você percebeu que a pronúncia, a entonação e até o contexto eram exatamente iguais aos seus, quando xinga. Com um sistema tão preciso, imagine as consequências para uma criança que ouve dos pais frases do tipo: "criança idiota", "você não merece ganhar as coisas", "não serve para nada", "não devia ter nascido" ou "é um fraco".

Quando pais descuidados ou mesmo que rejeitam os filhos transmitem a eles esse tipo de mensagem, nem sempre têm consciência de que as informações são armazenadas na mente subconsciente das crianças como "fatos reais", da mesma maneira que os dados em um computador.

Durante a primeira fase de desenvolvimento, a consciência da criança ainda não se desenvolveu o suficiente para filtrar ou identificar essas afirmações como algo que os pais disseram em um momento de raiva e que não são necessariamente características do seu "eu". Mas uma vez dentro da mente subconsciente, elas passam a ser "verdades" que, inconscientemente, moldam o comportamento e o potencial da criança ao longo de toda a sua vida.

À medida que crescemos, tornamo-nos menos suscetíveis à programação externa, pois atingimos a frequência cerebral *alfa*[71]. A atividade *alfa* é mantida no período de consciência tranquila. Enquanto

71 De 8 a 12 Hz.

a maior parte de nossos sentidos, como a visão, a audição e o olfato captam o mundo externo, a consciência é um "órgão sensor" e se comporta como um espelho, refletindo o que acontece no organismo. É a chamada consciência do "eu".

No entanto, entre a infância e a fase adulta há um pico de atividade cerebral. Quando a criança atinge os 12 anos de idade, seu EEG começa a mostrar períodos mais longos de uma frequência ainda mais alta chamada ondas *beta*[72]. O estado *beta* do cérebro se caracteriza pela "consciência ativa ou concentrada", a mesma que você está utilizando enquanto lê este livro. A avaliação de tais resultados revela que durante o período da adolescência há uma mudança que vai muito além da profusão de hormônios que gera a mudança física, a menstruação ou o despertar da sexualidade. Há uma mudança significativa na atividade cerebral.

Recentemente foi descoberto um quinto estado de EEG, ainda mais alto, chamado de ondas *gama*[73]. Essa frequência é a predominante em momentos de "alto desempenho", como o dos pilotos no momento em que estão pousando um avião, ou um tenista quando está fazendo uma jogada que pode definir a partida.

Quando a criança passa para a adolescência, sua mente subconsciente está saturada de informações como o seu modo de andar, a "consciência" de que jamais será alguém na vida ou a noção de que pode obter tudo o que almejar, dependendo do incentivo ou do tratamento que recebeu dos pais até aquele momento. O conjunto de instintos geneticamente programados e das crenças que adquirimos de nossos pais formam a mente subconsciente, que pode tanto nos impedir de manter o braço esticado em um consultório de quiropráctica quanto sabotar todas as promessas que fazemos no Ano-Novo.

Nossa fisiologia e padrões de comportamento se desenvolvem de acordo com os registros do subconsciente, sejam eles construtivos ou destrutivos. O subconsciente é um grande arquivo desprovido de emoção, cuja função é simplesmente ler os sinais do ambiente e seguir uma programação estabelecida sem nenhum tipo de ques-

72 De 12-35 Hz.

73 Acima de 35 Hz.

tionamento ou julgamento prévio. A mente subconsciente armazena nossas experiências de vida, e os comportamentos de estímulo-reação são a execução do que está arquivado.

Os estímulos que ativam o comportamento podem ser sinais de que o sistema nervoso detecta do mundo externo e/ou de dentro do próprio corpo, como emoções, prazer e dor. Quando um estímulo é captado, gera automaticamente a mesma reação comportamental que foi aprendida na primeira vez em que foi detectado. O resultado é um tipo de resposta automática, como se os "interruptores" do organismo fossem involuntariamente pressionados.

Antes da evolução da mente consciente, as funções dos cérebros animais eram diretamente ligadas à mente subconsciente. Estas mentes primitivas eram mecanismos simples de estímulo-reação que respondiam automaticamente ao ambiente por intermédio de ações geneticamente programadas (instintos) ou de comportamentos adquiridos. Eram atos reflexos e incondicionais, como o piscar dos olhos em um ambiente empoeirado ou o reflexo de chutar com a perna quando um médico bate em nossa junta, no joelho.

27 Um castelo com três andares

EM SEUS PRIMEIROS trabalhos, Freud sugeriu a divisão da vida mental em duas partes: consciente e inconsciente. A porção consciente, assim como a parte visível do *iceberg*, seria pequena e insignificante, preservando apenas uma visão superficial de toda a personalidade. A imensa e poderosa porção inconsciente – assim como a parte submersa do *iceberg* – conteria as forças propulsoras de todo o comportamento humano.

Nos trabalhos posteriores, Freud reavaliou essa distinção simples entre o consciente e o inconsciente e propôs os conceitos de *id*, *ego* e *superego*.

O *id*, grosso modo, correspondente à sua noção inicial de inconsciente; seria a parte mais primitiva e menos acessível da personalidade. Como o próprio Freud afirmava, "um caldeirão cheio de excitações fervescentes, isento do julgamento de valores, o bem e o mal, a moralidade". As forças do *id* buscam a satisfação imediata sem tomar conhecimento das circunstâncias da realidade. Funcionando de acordo com o princípio do prazer, preocupado em reduzir a tensão mediante a busca do prazer e evitando a dor. O *id* contém a nossa energia psíquica básica, ou a libido, e se expressa por meio da redução de tensão. Assim, agimos na tentativa de reduzir essa tensão a um nível mais tolerável. E para satisfazer as necessidades e manter um nível confortável de tensão, uma das premissas é interagir com o mundo real. Por exemplo: as pessoas famintas devem ir em busca de comida, caso queiram descarregar a tensão induzida pela fome. Portanto, é necessário estabelecer alguma espécie de ligação adequada entre as demandas do *id* e a realidade.

O *ego* serve como mediador, um facilitador da interação entre o *id* e as circunstâncias do mundo externo. O *ego* representa a razão ou a racionalidade, ao contrário da paixão insistente e irracional do *id*. Enquanto o *id* anseia cegamente e ignora a realidade, o *ego* tem consciência da realidade, manipula-a e, dessa forma, regula o *id*. O *ego* obedece ao princípio da realidade, refreando as demandas em busca do prazer até encontrar o objeto apropriado para satisfazer a necessidade e reduzir a tensão. O *ego* não existe sem o *id*; ao contrário, o *ego* extrai sua força do *id*. O *ego* existe para ajudar o *id* e está constantemente lutando para satisfazer os instintos do *id*. Freud comparava a interação entre o *ego* e o *id* com o homem que monta um cavalo. O animal fornece energia para mover o cavaleiro pela trilha, mas a força do animal deve ser conduzida ou refreada com as rédeas, senão acaba derrotando o *ego* racional.

Terceira parte da estrutura da personalidade definida por Freud, o *Superego* desenvolve-se desde o início da vida, quando a criança assimila as regras de comportamento ensinadas pelos pais ou responsáveis mediante o sistema de recompensas e punições. O comportamento inadequado, sujeito à punição, torna-se parte da consciência da criança, uma porção do *superego*. O comportamento aceitável para os pais ou para o grupo social e que proporcione a recompensa torna-se parte do *ego-ideal*, a outra porção do *superego*. Dessa forma, o comportamento é determinado inicialmente pelas ações dos pais; no entanto, uma vez formado o *superego*, o comportamento é determinado pelo autocontrole. Nesse ponto, a pessoa administra as próprias recompensas ou punições. O *superego* representa a moralidade. Freud descreveu-o como o "defensor da luta em busca da perfeição – o *superego* é, resumindo, o máximo assimilado psicologicamente pelo indivíduo do que é considerado o lado superior da vida humana". Observe-se então que, obviamente, o *superego* estará em constante conflito com o *id*. Ao contrário do *ego*, que tenta adiar a satisfação do *id* para momentos e lugares mais adequados, o *superego* tenta inibir a completa satisfação do *id*.

Assim, Freud[74] imaginava a constante luta dentro da personalidade quando o *ego* é pressionado pelas forças contrárias insistentes. O *ego* deve tentar retardar os ímpetos agressivos e sexuais do *id*, perceber e manipular a realidade para aliviar a tensão resultante e lidar com a busca do *superego* pela perfeição. E, quando o *ego* é pressionado demais, o resultado é a condição definida por Freud como ansiedade.

Os conceitos freudianos estão muito bem alinhados com a moderna concepção psicológica espírita, sobretudo após as explanações do espírito André Luiz, quando este definiu o que chamou "casa mental"[75] do ser. O benfeitor, pela psicografia de Chico Xavier, afirma que o cérebro se divide em três regiões distintas, como um castelo de três andares. Diz ele: no primeiro situamos a "residência de nossos impulsos automáticos", simbolizando o sumário vivo dos serviços realizados; no segundo localizamos o "domicílio das conquistas atuais", onde se erguem e se consolidam as qualidades nobres que estamos edificando; no terceiro, temos a "casa das noções superiores", indicando as eminências que nos cumpre atingir. Num deles moram o hábito e o automatismo; no outro, residem o esforço e a vontade; e no último demoram o ideal e a meta superior a ser alcançada. Distribuímos, deste modo, nos três andares, o *subconsciente*, o *consciente* e o *superconsciente*. Como vemos, possuímos, em nós mesmos, o passado, o presente e o futuro.

---

74 *O ego e o id*, Sigmund Freud.

75 *No mundo maior*, de André Luiz, psicografado por Francisco Cândido Xavier, capítulo 3, A Casa Mental.

28 Criatividade libertadora

A EVOLUÇÃO DE mamíferos mais desenvolvidos, incluindo os chimpanzés, os cetáceos e os humanos, criou um novo nível de consciência chamado autoconsciência ou mente consciente. Foi um passo muito importante em termos de desenvolvimento. A mente anterior, predominantemente subconsciente, é nosso "piloto automático"; já a mente consciente é nosso controle manual. Por exemplo: se uma bola é jogada em direção ao seu rosto, a mente consciente, mais lenta, pode não reagir em tempo de evitar a ameaça. Mas a mente inconsciente, capaz de processar cerca de 20 milhões de estímulos ambientais por segundo *versus* 40 estímulos interpretados pela mente consciente no mesmo segundo, nos fará piscar e nos desviar.

A mente subconsciente, um dos processadores de informações mais poderosos de que se tem notícia até hoje, observa o mundo ao nosso redor e a consciência interna do corpo, interpreta os estímulos do ambiente e entra imediatamente em um processo de comportamento previamente adquirido (aprendido). Tudo isso sem ajuda ou supervisão da mente consciente.

As duas mentes formam uma dupla dinâmica. Ao operar em conjunto, a mente consciente pode utilizar seus recursos para se concentrar em um objeto específico, como uma consulta médica marcada para determinado dia e hora, por exemplo. Ao mesmo tempo, a mente subconsciente mantém seus movimentos enquanto você cozinha, sem que a distração, como uma conversa, permita que se queime ou troque o sal pelo açúcar.

Conscientemente você não está necessariamente prestando atenção ao que está fazendo. As duas mentes também trabalham em conjunto para adquirir comportamentos mais complexos, que mais tarde serão desenvolvidos inconscientemente.

No primeiro dia de aula de direção, ao sentar no banco do motorista a sensação é que parece haver comandos demais para operar ao mesmo tempo: manter os olhos na rua, observar o espelho retrovisor e os laterais, prestar atenção à velocidade e às luzes indicadoras no painel, usar os dois pés em três pedais e manter a calma no trânsito. A impressão é a de que levará uma eternidade até que todos aqueles comportamentos sejam "programados" pela mente. Após o aprendizado e a experiência adquirida, ao entrar no carro, liga-se o motor e pode-se pensar na lista de compras no supermercado, enquanto a mente subconsciente desempenha todas as manobras complexas que permitem o carro rodar pela cidade. Não há necessidade de se preocupar, ainda que por um segundo, com o ato de dirigir. É um processo que acontece com todos os motoristas. Pode-se dirigir e, ao mesmo tempo, ter uma conversa agradável com o passageiro ao seu lado.

A mente consciente fica tão ocupada com a conversa que somente depois de uns cinco minutos percebe-se que não foi dada atenção ao que estava acontecendo. Sabe-se que está no lado certo da pista e que está seguindo o tráfego normalmente. Ao olhar pelo retrovisor, percebe-se que não atropelou os pedestres nem destruiu os postes no caminho. Mas quem estava dirigindo, então? A mente subconsciente. E, embora não se tenha prestado atenção ao que estava sendo feito ao longo do trecho da viagem, a mente subconsciente aparentemente desempenhou bem a tarefa de dirigir, exatamente como foi ensinado na autoescola.

Além de facilitar os programas habituais subconscientes, a mente consciente é espontaneamente criativa em suas reações aos estímulos ambientais. Por ter habilidade de autorreflexão, a mente consciente pode observar o comportamento no momento em que ele é colocado em prática. À medida que um comportamento pré-programado entra em ação, ela pode intervir, interrompê-lo e criar uma nova resposta para aquele estímulo. Isso nos dá o livre-arbítrio e mostra que não somos meras vítimas de nossa programação.

No entanto, para modificar esses padrões estabelecidos temos de estar totalmente conscientes para que a programação não se sobreponha à nossa vontade, uma tarefa bastante difícil. Qualquer um sabe o que é lutar contra os hábitos. A programação subconsciente assume o controle toda vez que a mente consciente se distrai. A mente consciente também pode avançar e retroceder no tempo ao passo que a mente subconsciente opera apenas no momento presente. Enquanto a mente consciente sonha, fazendo planos para o futuro ou relembrando experiências passadas, a mente subconsciente está sempre ocupada, administrando com eficiência o comportamento exigido no momento, sem a necessidade de supervisão consciente.

As duas mentes formam um mecanismo fenomenal; porém, algo sempre pode dar errado. A mente consciente é o "eu", a voz de nossos pensamentos. Pode ter grandes visões e fazer planos para o futuro cheios de amor, saúde, felicidade e prosperidade. Contudo, enquanto estamos mergulhados nesses pensamentos, quem está por trás, nos bastidores? O subconsciente. E como ele trata nossos sentimentos e preocupações? Exatamente como foi programado para fazer.

No tempo em que estamos distraídos com nossos pensamentos, a mente subconsciente pode colocar em ação comportamentos diferentes daqueles que nós mesmos criamos, pois a maioria do que temos armazenado em nossa memória foi "copiado", quando observávamos outras pessoas durante a infância. E como não fizemos isso conscientemente, muitas vezes nos surpreendemos se alguém nos diz que agimos "exatamente como nossa mãe ou nosso pai", que ajudaram a programar nossa mente subconsciente. Os comportamentos e crenças que aprendemos de nossos pais, colegas e professores podem não ser os mesmos que imaginamos para a nossa vida usando a mente consciente. Os maiores obstáculos para alcançar o sucesso a que almejamos são as limitações programadas em nosso subconsciente. Essas limitações não só influenciam nosso comportamento, mas também determinam nossa fisiologia e saúde.

Como já mencionamos, a mente tem um papel muito importante no controle dos sistemas biológicos que nos mantêm vivos. A intenção da Natureza não foi criar uma mente dupla que acabasse se transformando em um calcanhar de Aquiles. Na verdade, essa dualidade pode ser uma grande vantagem. Pense no seguinte: o que aconteceria se tivéssemos pais e professores totalmente conscientes de que servem de modelos perfeitos de vida, sempre envolvidos em relações humanitárias e não competitivas com todos na comunidade? Se nossa mente subconsciente fosse programada para esses comportamentos saudáveis, poderíamos ter uma vida maravilhosa e de grande sucesso sem ao menos precisar ter consciência disso.

29 Contatando a mente inconsciente

A MENTE SUBCONSCIENTE é reativa e funciona carregada de comportamentos prontos para serem utilizados toda vez que um sinal do ambiente indica a necessidade de uma ação – ou reação. Se não gostamos de determinado comportamento automático, como reclamar?

Devemos nos conscientizar de que não adianta gritar ou reclamar quando a mente consciente não consegue mudar nossos padrões programados de comportamento. Quando nos convencemos de que táticas desse tipo não funcionam, deixamos de lutar com a mente subconsciente e procuramos técnicas mais científicas para reprogramá-la.

No entanto, não é fácil aceitar que não podemos guerrear contra nosso subconsciente, pois um dos conceitos que a maioria de nós adquiriu na infância é de que "o poder da vontade é maior que tudo". Por isso lutamos tanto contra nossa programação subconsciente, mas o próprio organismo tende a seguir as ordens dessa programação.

Essa guerra entre o livre-arbítrio consciente e o programa subconsciente pode resultar em sérios problemas neurológicos. E a maioria de nós vive em constante luta com a mente subconsciente, tentando modificar a programação recebida, não só na infância, mas advinda de um sem-número de existências passadas. Basta pensar nas inúmeras tentativas fracassadas de conseguir uma promoção, no tempo que permanecemos trabalhando e vivendo em lugares que detestamos ou mesmo presos a relacionamentos degradantes, simplesmente porque achamos que "não conseguiremos coisa melhor".

Alguns métodos para suprimir os comportamentos destrutivos são drogas e terapia. Mas já existem novos procedimentos que podem mudar nossa programação sem a necessidade de "luta" com os registros subconscientes. São técnicas baseadas nas descobertas da física quântica que reúnem energia e pensamento.

Para o espírita, esse assunto não é novidade. O espírito André Luiz estreita a relação entre o pensamento e o reino quântico, ao explicar que a aura de cada criatura permanece permeada de correntes atômicas, sutis, dos pensamentos que lhe são próprios, dentro de normas que correspondem à lei dos "*quanta*[76] de energia" e aos princípios da mecânica ondulatória, que lhes imprimem frequência e cor peculiares[77].

Na verdade, trata-se de modalidades de tratamento que podem ser chamadas de psicologia da energia. Não seria muito mais fácil se fôssemos programados desde o início para utilizar plenamente nosso potencial genético e criativo? Não seria muito melhor nos tornarmos pais e mães conscientes e permitir aos nossos filhos fazer o mesmo? Assim, a reprogramação não seria necessária e poderíamos fazer deste planeta um lugar muito mais feliz e pacífico!

---

76 Quanta é o plural de *quantum*. Na teoria quântica de campos, um *quantum* pode ser considerado uma excitação, permitindo sua interpretação como uma partícula, como, por exemplo, fóton.

77 *Mecanismos da mediunidade*, de André Luiz, psicografado por Francisco Cândido Xavier, capítulo 4, Matéria mental.

30 Concepção consciente

TODOS JÁ OUVIMOS a expressão: "Quando você era bem pequenino e ainda estava na barriga da mamãe...". A frase mostra a felicidade de pais que realmente desejavam ter um filho e também resume as pesquisas genéticas mais recentes que mostram que os pais devem se preparar meses antes de conceber um filho. A consciência e a intenção podem produzir um bebê mais inteligente, saudável e feliz.

As pesquisas revelam que os pais agem como engenheiros genéticos dos filhos, bem antes da concepção. Nos estágios finais de maturação do óvulo e do espermatozoide, um processo chamado impressão genômica regula a atividade dos grupos específicos de genes que irão moldar a personalidade da criança que será concebida. Estudos sugerem que tudo o que se passa na vida dos pais durante o processo de impressão genômica tem influência profunda sobre a mente e o corpo da criança, o que mostra que a maioria dos casais deveria se preparar melhor para ter um filho. Mais uma vez a doutrina espírita vem, lado a lado com a ciência, nos explicar o quanto tais pesquisas estão se mostrando corretas.

O espírito Alexandre[78] explica que muitos lares, onde estão sen-

78 *Missionários da luz*, de André Luiz, psicografado por Francisco Cândido Xavier, capítulo 13, Reencarnação.

do constituídas nova famílias, em ambientes de irresponsabilidade e viciação, onde vivem homens e mulheres que, imprevidentemente, escolheram o perigoso caminho da perturbação emocional, entidades ignorantes e desequilibradas transitam. Nesses casos, os próprios pais, menosprezando o caráter importante da tarefa que lhes foi confiada, abrem as portas de sua sexualidade e de seus organismos aos impiedosos obsessores que lhes perseguem os filhos nascituros.

Enquanto certos espíritos escolhem semelhante entrada na existência carnal, a fim de se fortalecerem nas resistências contra o mal, muitos fracassam, levando, inclusive ao desenvolvimento de determinadas moléstias congênitas, como problemas cardíacos.

O organismo dos recém-nascidos, materialmente falando, provém do corpo dos pais, que lhes forneceram a vida e lhes deram os caracteres de sua própria genética, mas herdando tendências e não qualidades. Essas tendências cercam o ser humano assim que nasce, não só no veículo físico, mas também no ambiente geral em que passa a viver.

Se o espírito reencarnado possuir tendências "inferiores", poderá desenvolvê-las ao encontrá-las no ambiente doméstico, bem como poderá vencê-las, caso tenha uma forte disposição.

Os contornos e minúcias anatômicas vão desenvolver-se de acordo com os princípios da hereditariedade. A forma física dependerá dos cromossomos paternos e maternos; adicione, porém, a esse fator primordial, a influência dos moldes mentais da mãe, a atuação do próprio interessado e o concurso dos espíritos construtores, que agirão como funcionários da natureza divina, invisíveis ao olhar terrestre; considere ainda o auxílio afetuoso das entidades amigas que visitarão constantemente o reencarnante, nos meses de formação do novo corpo, e poderá fazer uma ideia do que vem a ser o corpo que ele possuirá.

Não resta dúvida alguma de que um lar equilibrado gerará reflexos de igual teor na concepção do ser humano, fazendo toda a diferença sermos concebidos com amor, com pressa ou com ódio e se a mãe realmente queria engravidar. Os melhores pais são aqueles que vivem em um ambiente calmo e estável, sem vícios, e têm um bom relacionamento com a família e os amigos[79].

Estudos antropológicos mostram que as culturas aborígenes reconhecem há milênios a influência do ambiente no momento da concepção. Antes de ter um filho, os casais passam por cerimônias para purificar a mente e o corpo. Hoje, uma série de pesquisas documentam a importância das atitudes dos pais no desenvolvimento da criança desde o útero. Diversas evidências científicas que surgiram na última década nos levam a reavaliar as habilidades mentais e emocionais das crianças antes do nascimento. Os estudos mostram que, acordadas ou dormindo, as crianças estão constantemente sintonizadas com as ações, os pensamentos e os sentimentos da mãe. Desde o instante da concepção, a experiência no útero molda o cérebro, estabelece o tipo de personalidade, temperamento e capacidade de pensar do indivíduo[80].

Mães e pais estão juntos no momento da concepção e durante a gravidez, mesmo que, fisicamente, apenas a mulher esteja carregando a criança. Tudo o que o pai faz afeta profundamente a mãe e o filho. O que afeta apenas a mãe, por sua vez, afeta o desenvolvimento do filho. Por exemplo: se o pai abandona a mãe e ela fica com medo de não ter meios para sobreviver, isso afeta profundamente a interação entre ela e o bebê. Da mesma maneira fatores sociais como falta de emprego, de moradia, problemas de saúde ou as intermináveis guerras que obrigam os pais a se ausentar e servir ao Exército podem afetar os pais e, consequentemente, o desenvolvimento do filho. A base da paternidade consciente é que tanto mães quanto pais têm as mesmas responsabilidades em termos de saúde, inteligência e felicidade dos filhos.

Claro, não podemos culpar a nós mesmos ou a nossos pais pelos problemas em nossa vida nem na vida de nossos filhos. A ciência vem se concentrando tanto no conceito de determinismo genético, que hoje perdemos um pouco da consciência da influência das cren-

---

79 *Pre-parenting: nurturing your child from conception* (Pré-paternidade: como educar o seu filho desde a concepção), de Thomas R. Verny.

80 Idem.

ças em nossas vidas. E o mais importante: de como nosso comportamento e atitudes programam a vida de nossos descendentes.

Grande parte dos obstetras ainda desconhece a importância desses fatores no desenvolvimento de um bebê. Aprendem na faculdade que o desenvolvimento fetal é mecanicamente controlado pelos genes, avaliando superficialmente o impacto dos pensamentos e sentimentos da mãe. Por isso, preocupam-se apenas com alguns aspectos básicos: Está se alimentando bem? Tomando vitaminas? Fazendo exercícios com frequência? Tem descansado?

O aspecto mais importante levado em consideração é a provisão de nutrientes para o feto geneticamente programado que vai nascer. A criança em desenvolvimento precisa, porém, de muito mais que os nutrientes do sangue da mãe. Se ela é diabética, por exemplo, seu filho acaba absorvendo excesso de glicose; se sofre de estresse crônico, pode transmitir a ele excesso de cortisol e de hormônios de alerta. Há muitas pesquisas sendo realizadas hoje sobre o assunto.

Se a mãe está sob muita tensão, isso faz com que o bebê se sinta em um ambiente ameaçador. Os hormônios de estresse ativam reações de proteção. Quando entram na corrente sanguínea fetal, afetam os mesmos órgãos e tecidos que afetaram na mãe. Em ambientes de estresse, o sangue do feto se concentra mais nos músculos e na parte posterior do cérebro para atender às necessidades nutricionais dos braços e pernas e da região do cérebro responsável pelos reflexos de defesa, ativados quando a vida está em risco. Para manter a função desses sistemas de proteção, o sangue é retirado de órgãos viscerais, e os hormônios inibem as funções cerebrais. O desenvolvimento dos tecidos e órgãos fetais é proporcional à quantidade de sangue que recebem e funções que desempenham. Ao passar pela placenta, os hormônios de uma mãe que sofre de estresse crônico alteram profundamente a distribuição do fluxo de sangue no feto e modificam as características de desenvolvimento de sua fisiologia.

Em uma pesquisa[81] sobre ovelhas grávidas, que são fisiologicamente semelhantes a humanos, descobriu-se que a exposição pré-natal ao cortisol pode elevar a pressão sanguínea. Os níveis de

81 Realizada por Marilyn Wintour, na Universidade de Melbourne.

cortisol no feto desempenham um papel importante ao regular o desenvolvimento dos mecanismos de filtragem dos rins, chamados nefros. Essas células estão envolvidas no processo de equilíbrio dos níveis de sal no corpo e, portanto, são importantes para o controle da pressão sanguínea. O excesso de cortisol absorvido de uma mãe sob estresse altera o desenvolvimento dos nefros do feto. Outro efeito do excesso de cortisol é que ele faz com que tanto a mãe quanto o feto passem de um estado de crescimento para um estado de proteção. Como resultado, o feto tende a nascer menor.

Condições negativas no útero que levam ao nascimento de bebês com peso abaixo do normal estão associadas a diversas doenças[82], entre elas a diabetes, problemas de coração e obesidade. Meninos que nascem com menos de 2,5 quilogramas têm 50% mais probabilidade de morrer devido a problemas cardíacos do que outros que nascem com peso normal[83]. Pesquisadores de Harvard descobriram que meninas que pesam menos de 2,5 quilogramas correm 23% mais risco de terem doenças cardiovasculares que outras. A diabetes é três vezes mais comum em homens com mais de 60 anos que nasceram com tamanho e peso abaixo do normal[84].

Esse novo foco da influência do ambiente pré-natal também abrange o estudo do QI, que os deterministas genéticos e raciais associavam apenas aos genes. Mas uma investigação[85] analisou 212 estudos que comparavam o QI de irmãos gêmeos e seus pais. Concluiu que os genes são responsáveis por apenas 48% dos fatores de desenvolvimento do QI, e, quando se soma a isso os efeitos da união dos genes maternos e paternos, os componentes de inteligência herdados diminuem ainda mais, chegando a uma média de 35%. As condições ao longo do desenvolvimento pré-natal podem afetar o QI de maneira significativa, sendo que, em média, 50%

---

82 *Life in the womb* (A vida no útero), de Peter W. Nathanielsz.

83 Descoberta realizada pelo doutor David Barker, da Universidade de Southampton, na Inglaterra.

84 Investigação de David Leon, da London School of hygiene and tropical medicine (Escola de higiene e medicina tropical de Londres).

85 Realizada em 1977 por Berne Devlin, professor de psiquiatria da Escola de Medicina da Universidade de Pittsburgh.

da inteligência potencial de uma criança é controlada por fatores ambientais.

Estudos anteriores também mostravam que o consumo de álcool ou de nicotina durante a gravidez pode causar a diminuição do QI da criança, assim como a exposição ao chumbo. A lição para quem deseja ter um filho é que as atitudes dos pais no período da gravidez podem reduzir drasticamente a inteligência da criança. E não se trata de acidentes, mas de alterações no fluxo de sangue de um cérebro submetido a estresse.

O livro *Missionários da luz*, psicografado por Chico Xavier, foi lançado em 1945, trazendo diversas "novidades" sobre o impacto do ambiente e do comportamento dos pais sobre o desenvolvimento fetal, mas a partir de 1977 as informações do instrutor espiritual Alexandre começaram a ser validadas por institutos e pesquisadores de várias partes do mundo.

Foi feita uma filmagem[86] enquanto uma mãe era submetida a um sonograma[87], que ilustra claramente o relacionamento interdependente entre os pais e seus filhos ainda não nascidos. A mãe e o pai estão tendo uma discussão enquanto ela é submetida ao exame. Pode-se ver nitidamente que o feto salta dentro do útero quando a discussão se inicia, contorce o corpo como se estivesse para saltar de um trampolim no momento em que a discussão se torna mais agressiva e também quando alguém quebra um copo.

O poder da tecnologia moderna, por meio de um sonograma, ajuda a desbancar o mito de que crianças ainda não nascidas não são organismos sofisticados o suficiente para reagir a qualquer coisa que não seja seu ambiente nutricional.

---

86 Pela Associazione Nazionale di Educazione Prenatale (Associação Nacional de Educação Pré-Natal), organização italiana.

87 Gráfico com representação da frequência, duração e intensidade de uma amostra de som.

31 A tecnologia de ponta da Natureza

MAS POR QUE a evolução criou para os fetos um sistema tão frágil e que depende tanto do ambiente dos pais? Na verdade, trata-se de um sistema engenhoso que ajuda a garantir a sobrevivência da prole. A criança vai viver no mesmo ambiente que os pais depois que nascer. Por isso, as informações adquiridas por intermédio da percepção dos pais atravessam a placenta e ajudam a formar a fisiologia do feto, preparando-o para as exigências que irá enfrentar após o nascimento.

A Natureza está simplesmente fornecendo à criança ferramentas para que já possa ir se adequando e possa sobreviver no ambiente que a espera. Portanto, hoje os pais têm uma escolha e podem reprogramar suas crenças sobre a vida antes de trazer uma criança ao mundo. A importância da programação dos pais faz cair por terra a teoria de que nossas características, tanto positivas quanto negativas, são determinadas apenas por nossos genes.

Como já vimos, os genes são formados, guiados e moldados pelas experiências aprendidas com o ambiente. Fomos levados a acreditar que habilidades artísticas, atléticas e intelectuais são traços geneticamente transmitidos. Porém, não importa se os genes são "bons". Se um indivíduo sofreu maus-tratos ou sempre se sentiu incompreendido, o potencial de seus genes pode ter sido anulado.

A cantora Sandy recebeu os genes de sua mãe, a empresária e produtora Noely Pereira de Lima, e de seu pai, Durval de Lima (Xororó), um dos cantores mais talentosos e bem-sucedidos do Brasil. Sua carreira brilhante e os altos e baixos de sua vida pessoal contêm programas incutidos em seu subconsciente pelos pais. Se Sandy, com os mesmos genes, fosse criada por uma família de fazendeiros alemães, no interior do Rio Grande do Sul, por exemplo, o ambiente teria gerado uma seleção genética diferente para sua vida. Os genes que lhe permitiram ter uma carreira artística de sucesso provavelmente teriam sido mascarados ou inibidos pelas exigências culturais da comunidade agrária sulista.

Um grande exemplo da eficácia da paternidade consciente é o jogador de futebol e campeão mundial, Pelé, por muitos considerado o maior jogador de todos os tempos. Embora seu pai, o Dondinho, tenha sido um jogador talentoso, esforçou-se para ensinar seu filho a jogar, dando-lhe a oportunidade de ingressar em um ambiente rico e com potencial para desenvolver suas habilidades, atitudes e se tornar um jogador de alto desempenho.

Os genes são importantes, mas somente se forem desenvolvidos sob a influência de uma paternidade consciente, de uma gama mais vasta de oportunidades oferecidas pelo ambiente e pelos desejos e necessidades que o próprio espírito traz para sua existência terrena.

32 Terceirização

QUANDO CHEGAMOS À conclusão de que somos responsáveis por tudo em nossa vida, nem todos gostam de ouvir isso. Parece uma carga pesada demais para algumas pessoas. Em nossa sociedade é muito comum jogarmos a culpa em outras pessoas ou usá-las como bode expiatório de nossos problemas. À medida que vamos adquirindo experiência, tornamo-nos mais capacitados a lidar com as dificuldades da vida.

Sim, somos *nós* os responsáveis por tudo em nossa vida; mas desde que nos tornemos conscientes de que *nós* somos responsáveis por tudo em nossa vida.

Não podemos nos sentir "culpados" por sermos pais pobres, por exemplo. A menos que tenhamos consciência das informações científicas, psicológicas, antropológicas, biológicas, sociais, econômicas, espirituais e tantas outras, caso as tenhamos ignorado voluntariamente e, por isso, chegado à condição de pobreza.

No entanto, a partir do momento que passamos a ter acesso a essas informações, e vamos entendendo melhor as forças que agem ao nosso redor e em nós, podemos usá-las para reprogramar nosso comportamento.

Um mito que merece ser desbancado é que as crianças precisam de estímulos de desenhos, figuras ou brinquedos educativos que o mercado insiste em criar com o argumento de que ajudam a aumentar sua inteligência. A brincadeira, e não a tentativa de programar, parece ser a chave para aumentar a capacidade de aprendizado e desempenho tanto de crianças quanto de adultos[88].

Crianças precisam de pais que incentivem sua curiosidade, criatividade e as descobertas do mundo ao seu redor. Obviamente, o que nós humanos precisamos na infância é de apoio e de amor para desenvolver nossa habilidade de observar a vida dos mais velhos. Crianças que são criadas em orfanatos e passam o tempo todo no berço, sendo apenas alimentadas, sem carinho ou atenção, não raro acabam tendo problemas de desenvolvimento.

Um estudo[89] com órfãos concluiu que a falta de contato físico e atenção nos orfanatos, além da baixa qualidade dos berçários, prejudicava o crescimento e afetava o desenvolvimento e o comportamento das crianças. Foram avaliadas 60 crianças de idades variando entre alguns meses e três anos medindo seus níveis de cortisol por meio de amostras de saliva. Quanto mais estressadas estavam as crianças (níveis de cortisol mais altos que o normal em sua corrente sanguínea), menor era seu desenvolvimento.

Estudos[90] revelaram que macacos recém-nascidos isolados e sem contato físico com suas mães ou com outros macacos desenvolviam perfis de estresse anormais e se tornavam sociopatas violentos. Esses estudos ainda avaliaram diversas culturas humanas e a maneira que os filhos são criados em cada uma delas. Descobriu-se que nas culturas em que as crianças recebem carinho físico e não têm a sexualidade reprimida há mais paz e harmonia. Nessas comunidades, os pais mantêm contato físico com os filhos e os carregam no colo ou nas costas o tempo todo. Já as crianças que vivem em sociedades nas quais esse tipo de contato não existe acabam se tornando violentas.

Uma característica muito comum nesses casos é o distúrbio afe-

---

88 *Magical parent, magical child* (Pai mágico, filho mágico), de Michael Mendizza e Joseph Chilton.

89 Realizado por Mary Carlson, neurobióloga da Escola de Medicina de Harvard, em orfanatos romenos.

90 Desenvolvidos por James W. Prescott, ex-diretor do setor de saúde humana e desenvolvimento infantil do National Institutes of Health (Instituto Nacional Norte-Americano de Saúde).

tivo, marcado pela dificuldade fisiológica de impedir oscilações de hormônios de estresse, precursores de ações violentas.

Essas descobertas podem ajudar a explicar certos níveis de violência, que podem estar sendo desencadeados pelos hábitos modernos. Há a recomendação médica de os pais não irem ao quarto do bebê toda vez que ele chora para que ele não se torne mimado. Em lares onde pai e mãe trabalham fora, poucos meses após o parto, o recém-nascido é separado dos pais e vai para um berçário por longos períodos.

São práticas incentivadas pela ciência e pela vida moderna, que podem estar contribuindo para a violência em nossa civilização, e há pesquisas sérias sobre contato físico e sua relação com a violência[91].

Quanto mais estudamos os dados científicos, mais clara fica a importância de nosso papel como pais. Allan Kardec reflete[92] sobre quantos pais estão infelizes com os filhos, justamente por não terem combatido suas más tendências desde o princípio. Por fraqueza ou indiferença, deixaram que se desenvolvessem neles a semente do orgulho, do egoísmo e da vaidade, ressecando seus corações. E depois se perguntam o porquê da falta de respeito e ingratidão para com eles. Por fim, o codificador sugere que todos os que têm o coração ferido pelas vicissitudes e as decepções da vida interroguem friamente a própria consciência, remontando passo a passo à fonte dos males que os afligem, vendo se, na maioria das vezes, não podem dizer a si mesmos: "Se eu tivesse ou não tivesse feito tal coisa, não estaria nesta situação".

Mas, e quanto às crianças que crescem em orfanatos, que são criadas sem carinho ou afeto e se tornam "maravilhosos sobreviventes"? Por que algumas crianças se superam mesmo vivendo em ambientes negativos? Por que têm genes "melhores"? Seriam espíritos "superiores"?

A causa mais provável, além de um espírito mais maduro para os desafios da reencarnação, é que os pais naturais dessas crianças possam também lhes ter fornecido um ambiente pré-natal e perinatal mais favorável, além de nutrição adequada ao seu desenvolvimento.

---

91 www.violence.de

92 *O Evangelho segundo o Espiritismo*, de Allan Kardec, capítulo 5, item 4.

A lição para os pais adotivos é que não devem fingir que a vida das crianças se iniciou no dia em que foram adotadas.

Elas já foram programadas desde o útero a acreditar que não são amadas ou desejadas. Claro, podem ter a sorte de ser adotadas ou cuidadas por pessoas que lhes deem carinho e que as estimulem. Mas se os pais adotivos não têm consciência dessa programação pré-natal podem não saber como lidar com as situações que surgirem após a adoção.

Portanto, a melhor atitude é reconhecer sua programação e tentar modificá-la, se necessário. A mensagem tanto para os pais adotivos quanto para os naturais é muito clara: os genes que foram transmitidos aos seus filhos refletem apenas um potencial, não seu destino. Como diz o instrutor espiritual Alexandre, são apenas tendências.

É responsabilidade dos pais fornecer aos filhos um ambiente que incentive o desenvolvimento pleno de suas características inatas boas e inibir, por meio da disciplina e da educação, características negativas. Não que os pais precisam ler centenas de livros sobre o assunto. O simples fato de ler um livro não vai fazer com que sua vida familiar se modifique, e acreditar nisso é como as pessoas que acreditam que uma "pílula" farmacêutica pode resolver todos os problemas.

Ninguém se modifica se não fizer um esforço de verdade para mudar. É importante deixar de lado medos infundados e não incutir crenças desnecessárias nas mentes subconscientes dos filhos.

E, principalmente, não aceitar a mensagem fatalista do determinismo genético. Podemos ajudar nossos filhos a desenvolver todo o seu potencial e mudar sua própria vida também. Ninguém é "vítima" da hereditariedade.

Lembrar de que os maiores fatores de estímulo para o crescimento humano não são as escolas mais famosas, os brinquedos mais caros e os salários mais altos. Muito antes de os pesquisadores iniciarem suas pesquisas com as crianças nos orfanatos, os pais conscientes já sabiam que o melhor incentivo para o crescimento de crianças e adultos é o amor. Uma vida sem amor não é vida. O amor é a água-viva[93] da vida e devemos bebê-lo com o coração e com a alma.

93 João 4, 13-14.

33 Ciência e espiritualidade juntas?

DURANTE TODA ESSA obra, um mesmo assunto retornou inúmeras vezes: que o corpo material pode nos ensinar a viver melhor, uma mecânica capaz de revelar nossa essência espiritual, mas, para muitas pessoas, as conclusões aqui apresentadas podem ser consideradas meramente especulativas.

Existe um método filosófico e científico chamado *a navalha de Occam*. Segundo essa concepção, quando várias hipóteses são apresentadas para explicar um fenômeno, a mais simples é considerada primeiro. É mais um fruto da visão reducionista de mundo, que citamos anteriormente e acaba por nos levar à falsa conclusão de que as coisas são o que parecem ser, e nos afastam das análises mais profundas.

A ciência de hoje nos leva a uma visão de mundo não muito diferente daquela das antigas civilizações, segundo a qual todos os objetos da Natureza possuíam um espírito. O Universo ainda é considerado como um todo pelas comunidades aborígenes que sobreviveram no planeta. Não fazem muita distinção sobre a importância das rochas, os animais, o vento e os seres humanos. Todos são imbuídos de espírito, uma energia invisível, numa crença anímica.

Pois esse é o mundo da física quântica, em que matéria e energia estão intimamente ligadas. Quando reduzimos nossa visão do mundo ao nível molecular, um ser humano mal se diferencia de um espaço "vazio". A diferença é que o espaço ocupado pelo ser humano apresentará maior concentração de moléculas e o espaço ocupado apenas pelo ar apresentará menor concentração molecular, mas ainda haverá uma infinidade de moléculas formando vários elementos químicos. É como se fôssemos uma coisa só.

O planeta é como se fosse um único organismo que precisa ser protegido. Hoje, mais do que nunca, precisamos dessa visão de mundo.

Quando a ciência se afastou da espiritualidade, sua missão se modificou drasticamente. Em vez de tentar entender a "ordem natural", para que os seres humanos pudessem viver em harmonia, passou a tentar controlar a Natureza. A tecnologia resultante dessa filosofia tem levado a civilização a um estado de alerta ininterrupto, resultante da infração das leis naturais. A todo momento recebemos indicações de que os recursos naturais estão escasseando, que a atmosfera está se degradando, a temperatura global subindo, as calotas polares derretendo, animais desaparecendo, a taxa de natalidade caindo...

A evolução de nossa biosfera já sofreu cinco "extinções em massa", incluindo a que destruiu os dinossauros. Cada uma delas praticamente varreu a vida da superfície do planeta. Alguns pesquisadores acreditam que estamos "no meio" da sexta extinção em massa[94]. No entanto, a doutrina espírita já há tempos nos avisava da complexidade dos períodos de transição, como afirmou Kardec: "Esse o inevitável efeito das épocas de transição: rui o edifício do passado, sem que ainda o do futuro se ache construído. O homem se assemelha ao adolescente que, já não tendo a crença ingênua dos seus primeiros anos, ainda não possui os conhecimentos próprios da maturidade"[95] e ainda que "as gerações contemporâneas da transição lhe sofrem o contrachoque e tudo lhes parece fora das leis ordinárias"[96].

Assim, a Terra irá ascender a uma posição superior na escala dos mundos, deixando de ser um mundo de expiação e provas, se tornando mundo regenerado. No entanto, isso inclui uma ine-

94 *A sexta extinção: Uma história não natural*, de Elizabeth Kolbert.

95 *A Gênese*, de Allan Kardec, cap. 4.

96 *A Gênese*, de Allan Kardec, cap. 18.

vitável redução do contingente humano no planeta, com o degredo de espíritos não aptos – e não compatíveis – a viver numa sociedade pacífica, sem guerras, assassinatos e terrorismo. Sobre isso Kardec afirmou categoricamente que "grande emigração se verifica dos que a habitam [a Terra]: a dos que praticam o mal pelo mal, ainda não tocados pelo sentimento do bem, os quais, já não sendo dignos do planeta transformado, serão excluídos, porque, senão, lhe ocasionariam de novo perturbação e confusão e constituiriam obstáculo ao progresso". Aos olhos do que já fora anunciado pela doutrina espírita desde o século XIX, a desencarnação em massa experimentada pela pandemia de COVID-19 não deveria causar estranheza aos olhos do espírita e, portanto, acusar qualquer governo, de qualquer nação, de ser responsável por milhares ou mesmo milhões de mortes, seria o mesmo que julgar ter um homem o poder de derrocar as leis divinas por sua ação ou inação.

Claro que isso não quer dizer que todos os desencarnados pela pandemia eram espíritos "maus", mas que um grande número de espíritos ou haviam cumprido com suas obrigações reencarnatórias naturais; ou foram vitimados pelas comorbidades que alimentaram enquanto reencarnados ou precisavam deixar o plano material por não terem condições de avançar com a Terra.

Mas voltando à questão da "extinção", diferente daquelas causadas por forças galácticas como os cometas, esta está sendo causada por uma força muito mais próxima: a falta de moral dos seres humanos, que começa a "peneirar" quem ficará por aqui na Terra nos próximos séculos, para aproveitar o refrigério que esse novo mundo regenerador trará.

Houve uma época em que a ciência teve de se separar do lado espiritual, ou melhor, da corrupção da Igreja. Essa poderosa instituição impedia todas as pesquisas científicas que fossem contra seus dogmas. Foi Nicolau Copérnico, um político habilidoso e grande astrônomo, quem iniciou a divisão espírito/ciência e divulgou para o público seu manuscrito: *De revolutionibus orbium celestium*[97]. O do-

97 A revolução das esferas celestiais.

cumento, escrito em 1543, declarava que o Sol, e não a Terra, era o centro das "esferas celestiais".

É um conceito óbvio nos dias de hoje, mas naquele tempo foi considerado uma heresia, algo que ia contra os princípios infalíveis da Igreja, segundo a qual a Terra era o centro do firmamento divino. Copérnico sabia que a Inquisição poderia acabar por destruí-lo e por isso esperou estar em seu leito de morte para publicar seu trabalho. Sua prudência se justificava. Cinquenta e sete anos depois, Giordano Bruno, um monge dominicano que teve a ousadia de defender a cosmologia de Copérnico, foi queimado na fogueira por heresia. Copérnico foi mais inteligente que a Igreja. Não há como castigar um herege intelectual que já está no túmulo. O máximo que podiam fazer era tentar impedir a disseminação de suas ideias.

Um século depois, o matemático e filósofo francês René Descartes começou a utilizar métodos científicos para testar a validade de determinadas "verdades". Mas, claro, as forças invisíveis do mundo espiritual não são algo fácil de ser analisado. Além disso, na era pós-moderna os cientistas eram incentivados a estudar o mundo natural. As "verdades" espirituais eram relegadas às esferas da religião e da metafísica. Espírito e outros conceitos metafísicos eram considerados "não-científicos" porque não podiam ser medidos ou avaliados pelos métodos analíticos da ciência. Portanto, tudo o que era "importante" sobre a vida e o Universo passou a ser de domínio da ciência racional.

Os esforços que o professor Hippolyte Léon Denizard Rivail empreendeu entre 1854 e 1869, com o auxílio das inteligências divinas que governam o planeta para tornar a pesquisa espiritual um ramo da ciência, deram frutos fantásticos na forma da codificação de uma doutrina filosófica, científica e religiosa: o espiritismo, verdadeira síntese do pensamento divino e o maior passo dado até hoje em prol da união entre ciência e espírito.

Mas a divisão recebeu ainda mais reforços em 1859 com a teoria da evolução, de Darwin. A notícia se espalhou pelo globo tão rápido quanto as que são transmitidas pela internet nos dias de hoje e foi imediatamente aceita, porque seus princípios pareciam explicar as experiências do povo, que sempre cruzou e aprimorou raças de gado, animais domésticos e plantas. O darwinismo atribuía as origens da humanidade à casualidade das variações hereditárias, ou seja, que não havia necessidade da intervenção divina em nossa vida ou na ciência.

A teoria de Darwin explica que o propósito da vida é a sobrevivência, mas não especifica quais meios devem ser utilizados para isso. Aparentemente, o conceito sugere que "tudo é válido" desde que se consiga sobreviver. Em vez de moldar os princípios da vida dentro das leis da moralidade, sugere que devemos viver segundo as leis da selva e também que aqueles que têm mais é que fizeram por merecer.

No Ocidente, acabamos aceitando a inevitabilidade de uma civilização do "ter" ou "não ter". Não queremos aceitar o fato de que tudo neste mundo tem um preço. Infelizmente, isso inclui, além de um planeta maltratado, os mendigos e as crianças obrigadas a trabalhar e que produzem muitos dos itens que compramos em nosso dia a dia. Eles são os perdedores dessa batalha.

34 Terapias integrativas

O PROCESSO HOMEOPÁTICO, criado no século XIX pelo alemão Samuel Hahnemann, consiste em fornecer a um paciente doses extremamente diluídas de compostos que são tidos como a causa dos sintomas que pretendem contrariar, mas supostamente potencializados através de técnicas de diluição, dinamização e sucção, que liberariam energia[98].

Seria muito natural que a homeopatia se espalhasse, pois, no século XIX, em meio à popularização da "sangria", entre sangrar até a morte e ingerir algumas gotas de água ou álcool, a segunda alternativa era melhor. Se qualquer substância, seja cebola, seja antraz, fará algum efeito no organismo - principalmente na diluição C30 —, ainda não conseguimos mensurar adequadamente, mas uma consulta com um médico atencioso, que prescreve repouso e lhe trata de modo a deixar seu sistema imunológico funcionar é mais recomendável do que recorrer a um bisturi de imediato.

De lá até aqui, felizmente, muita coisa mudou. No entanto, uma coisa permanece igual: a ciência, mesmo na atualidade, ainda é péssima em avaliar processos orgânicos que envolvam "energias", não só a respeito dos fluidos diluídos de Hahnemann, mas mesmo o

98 *Medicina natural: homeopatia e radiestesia*, de Márcio Bontempo.

fluido cósmico universal, tão utilizado pelos espíritas, ou mesmo o magnetismo anímico e a energia mental.

Para que seus efeitos possam ser avaliados, toda droga passa por três rodadas de verificação em humanos antes de chegar às farmácias. Eles servem para determinar como ela é metabolizada e excretada, descobrir seus efeitos colaterais, estabelecer a dosagem ideal para cada doença e faixa etária etc.

Ao longo de todo o processo, médicos e farmacêuticos tomam três precauções para evitar conclusões enviesadas. Primeiro, um grupo de voluntários é dividido em dois grupos, para comparação. Metade toma o remédio em fase experimental; a outra metade toma um remédio já existente no mercado ou um placebo[99], dependendo do tipo de comprovação que se quer, seja para comparar a eficácia de um princípio ativo com a de um concorrente ou a eficácia de um novo princípio ativo, comparando-o com "nada" – doses de água ou comprimidos de farinha.

Os voluntários devem ser sorteados entre os dois grupos, processo chamado de aleatorização. Por fim, o ideal é que o experimento seja o que se chama de duplo-cego, ou seja: durante sua realização, nem os cientistas nem os voluntários devem saber qual é o grupo que tomou placebo e qual é o grupo que tomou o remédio real. Assim, a chance de uma incongruência passar despercebida é baixa. Ou o remédio funciona, ou não funciona!

A homeopatia permanece popular desde sua criação até os dias de hoje; portanto, seria imprescindível que, em algum momento, sua eficácia fosse analisada com o mesmo critério e cuidado dos medicamentos convencionais. E, embora a homeopatia – assim como a acupuntura, a aromaterapia e outras práticas integrativas e complementares (PICs), na nomenclatura dada pelo SUS – possa passar pelos mesmos testes por que passam os medicamentos vendidos em uma farmácia comum, avaliar em profundidade a composição das formulações homeopáticas dentro dos princípios da própria homeopatia ainda é uma tarefa impossível. Portanto, os pesquisadores buscam sistematicamente mensurar os efeitos, na impossibilidade de encontrar a causa.

99 Um comprimido ou injeção falsos, que não contém o princípio ativo.

Um dos vários pesquisadores que se dedicam a essa tarefa é Edzard Ernst[100]. Em 20 anos como professor e pesquisador na Universidade de Exeter, ele e sua equipe submeteram 29 PICs a ensaios clínicos rigorosos. Em muitos casos, era necessário criar placebos elaborados.

Para a acupuntura, sua equipe projetou uma agulha que parece penetrar a pele, mas enrola dentro de si própria, como uma faca falsa, de lâmina retrátil. Ela comprovou que acupuntura tem o mesmo efeito do placebo. Para a prova da cura espiritual ele usou cinco curandeiros de verdade e, depois, recrutou cinco atores muito parecidos com eles. Em todos os casos, a conclusão foi uma só: todas as terapias funcionam com a mesma exatidão do efeito placebo.

No entanto, por isso mesmo, os resultados são deveras inconclusivos, pois, chegou-se à conclusão de que as terapias propriamente ditas não são diretamente responsáveis pelos resultados que obtêm. Seria necessário um estudo à parte que tratasse da influência da mente sobre os processos enfermiços, desperta pelo próprio tratamento. Em tese, os tratamentos dão bons resultados, mas pode ser que não seja da forma que se acredita. Realmente um assunto complexo e ainda longe de se esgotar.

A OMS condena o uso da homeopatia contra doenças graves como malária, tuberculose, aids, gripe e diarreia infantil. No Brasil, é considerada como especialidade médica desde 1980[101], mas em vários países, como a França ou a Austrália, não é sequer considerada especialidade médica. Uma pesquisa[102] indicou que 70% da população brasileira afirma procurar um médico convencional quando tem um

100 https://super.abril.com.br/ciencia/edzard-ernst-um-cientista-no-combate-a-medicina-alternativa/

101 É reconhecida pelo Conselho Federal de Medicina, tendo sido incluída no Sistema Único de Saúde (SUS) em 2006 e instituída em 2017 pelo MEC como disciplina obrigatória na graduação em Farmácia. Desde 2017, não só a homeopatia, mas outras PICs que sequer são reconhecidas pelo CFM também passaram a ser oferecidas. A lista inclui aromaterapia, reiki, florais de Bach, cromoterapia, biodança etc. São, ao todo, 29. Hoje, 9,3 mil estabelecimentos do SUS em 3,1 mil municípios (tomando por base postos de saúde, hospitais etc.) oferecem pelo menos uma PIC.

102 Pesquisa de representatividade nacional encomendada ao Datafolha pelo Instituto Questão de Ciência

problema de saúde; em segundo lugar, com 7%, os terapeutas espirituais, e, em terceiro lugar, com 6%, vêm as benzedeiras. Em quarto lugar, com 5%, o médico homeopata.[103] Na verdade, 5%, 6% ou 7% em termos de resultados percentuais é quase a mesma coisa. Temos então 18% da população buscando terapias alternativas na busca pela saúde.

Jesus não estava errado ao dizer: "Tua fé te curou". As experiências com fluidos realizadas por Allan Kardec e avaliadas na obra *A Gênese*, sobretudo no capítulo 14, revelam que a fé aliada a bons fluidos anímicos, transmitidos de pessoa a pessoa, é capaz de operar verdadeiros "milagres" na recuperação da saúde física de uma pessoa enferma.

Infelizmente, porém, não falta quem troque a medicina por terapias alternativas mesmo em caso de doenças mortais. Um estudo da Universidade Yale revelou que, dos pacientes de câncer que utilizam medicina não-convencional, 7% recusam intervenção cirúrgica, 34,1% recusam quimioterapia, 53% recusam radioterapia e 33,7% recusam intervenções hormonais.

Entre pacientes que optam só pela medicina convencional, os valores são radicalmente diferentes: 0,1% recusam intervenção cirúrgica, 3,2% recusam quimioterapia, 2,3% recusam radioterapia e 2,8% recusam intervenções hormonais.

Allan Kardec, sobre a homeopatia, afirmou:

> A homeopatia, provando o poder da ação da matéria espiritualizada, liga-se ao papel importante que representa o perispírito em certas afecções; ataca o mal em sua própria fonte, que está fora do organismo, cuja alteração é apenas consecutiva. Tal a razão pela qual a homeopatia triunfa numa imensidade de casos em que fracassa a medicina ordinária: mais que esta, ela leva em conta o elemento espiritualista, tão preponderante na economia, o que explica a facilidade com a qual os médicos homeopatas aceitam o espiritismo e por que a maioria dos médicos espíritas pertence à escola de Hahnemann.[104]

---

103 http://revistaquestaodeciencia.com.br/questao-de-fato/2019/05/13/vacinas-evolucao-transgenicos-pesquisa-revela-crencas-dos-brasileiros

104 *Revue Spirite* de 1863, pp. 233 e 234.

E não só sobre a homeopatia, assunto do qual afirmava conhecer muito pouco, mas também outros tratamentos alternativos para a saúde, Kardec sempre afirmou que o que viesse para auxiliar o homem a melhorar sua conduta moral, educando-o, disciplinando-o e fortalecendo sua fé, seria de muita utilidade. Em resumo, essa discussão ainda dará muito o que falar nas próximas décadas, mas o ideal – tanto nas questões ligadas à homeopatia quanto as que envolvem cromoterapia, a tradicional fluidoterapia espírita e outras tantas – é que esses tratamentos alternativos ou espirituais sejam vistos como complementares e nunca como substitutos da medicina oficial, como orienta a Organização Mundial da Saúde desde 2017 e os próprios terapeutas.

35 À imagem e semelhança do Universo

CLAIRE SYLVIA, DA Nova Inglaterra, que sempre teve personalidade bastante conservadora, começou a gostar de cerveja, *nuggets* de frango e motocicletas após sofrer um transplante de coração. Procurou então a família do doador e descobriu que ele era um rapaz de 18 anos que gostava de motocicletas e adorava *nuggets* e cerveja[105]. Em seu livro ela descreve as transformações de sua personalidade e também as experiências de outros pacientes, com quem teve contato em um grupo de apoio após o transplante. A precisão das lembranças que acompanham esses transplantes vai muito além das coincidências. Uma jovem começou a ter pesadelos com assassinatos após sofrer um transplante de coração[106]. Os sonhos eram tão vívidos que levaram à captura do assassino do doador.

São casos aparentemente incríveis, mas ao levarmos em conta as informações que Allan Kardec nos traz a respeito da constituição do perispírito e dos fluidos, os casos parecem fazer uma certa lógica, afinal, os órgãos poderiam, em tese, levar consigo, para o organismo em que são transplantados, informações relativas ao perispírito do corpo físico que ocupavam anteriormente.

---

105 *A voz do coração,* de Claire Sylvia.

106 *The heart's code: tapping the wisdom and power of our heart energy* (O código do coração: a sabedoria e o poder da energia de nosso coração, de Paul P. Pearsall.)

Seria uma hipótese possível de ser avaliada, caso houvesse uma iniciativa voltada a esse fim. Um dos grandes pesquisadores do século XX, desencarnado recentemente, que avaliou e comprovou casos de reencarnação na Europa e, ainda, episódios claros de xenoglossia[107], foi o canadense Ian Stevenson, que trouxe ao mundo resultados surpreendentes sobre seus objetos de estudo. Um homem que soube levar adiante o legado científico de Allan Kardec e os primeiros espíritas, mesmo sem diretamente relacionar seus métodos aos do codificador ou a qualquer metodologia espírita.

Nossas atitudes alteram o ambiente. O simples fato de existirmos no planeta já modifica algumas coisas. Uma maneira mais completa de compreendermos nosso relacionamento com o espírito é comparar os humanos aos robôs enviados a Marte. Embora não se pareçam em nada conosco, eles têm funções similares às nossas. São equipados com câmeras que registram imagens do planeta como se fossem "olhos". Possuem também detectores de vibração que funcionam como "ouvidos", sensores químicos que identificam "gostos" e assim por diante.

Esses aparelhos podem sentir o ambiente de Marte quase como nós o faríamos. Suas antenas (receptores) são ajustadas para receber a transmissão de informações de um humano da Nasa. É ele quem envia os dados que fazem com que o robô se movimente. No entanto, ele não apenas recebe informações. O controlador da Nasa também recebe as informações sobre o que acontece com o robô e interpreta as experiências dele, usando-as no aperfeiçoamento da navegação sobre o terreno.

Todos nós somos residentes da Terra e recebemos informações de uma grande central de controle técnico-espiritual. As experiências que adquirimos durante a vida são enviadas a essa central, nosso espírito. Portanto, a maneira como vivemos influencia diretamente as características do nosso "eu". Essa interação corresponde ao conceito de carma. Quando compreendemos isso, passamos a prestar mais atenção à maneira que vivemos neste planeta, pois

107 A possibilidade de um espírito se manifestar mediunicamente, expressando-se em outros idiomas ou culturas desconhecidos do médium.

as consequências de nossos atos se prolongam além da existência de nosso corpo.

Tudo o que fazemos tem consequências que podem nos afetar hoje ou mesmo uma versão futura de nosso ser, quando retornarmos em novo corpo físico. O próprio conhecimento sobre as células somente confirma o que os grandes sábios espirituais vêm nos ensinando há séculos: cada um de nós é um espírito encarnado na matéria.

Uma analogia interessante para essa verdade espiritual é o que ocorre quando a luz atravessa um prisma. Quando um feixe de luz branca atravessa um prisma, sua estrutura cristalina se reparte e distribui (refração), fazendo com que ela se transforme em um espectro semelhante a um arco-íris. As cores que compõem a luz branca são vistas em separado devido à sua frequência individual. Se o processo for revertido, ou seja, se projetarmos um espectro com as cores do arco-íris por meio de um cristal, as frequências de cada uma delas vão se recombinar e formar um facho de luz branca.

Agora, imaginemos que nossa identidade é a frequência individual de uma das cores do espectro. Se eliminarmos propositalmente uma delas, ou seja, se retirarmos uma das cores de que "não gostamos" e tentarmos fazer o restante passar pelo prisma, o resultado não será mais luz branca. Por definição, a luz branca é composta de todas as frequências juntas. Publiquei uma obra chamada *Causa e origem dos nossos males*, onde abordo, sob um ponto de vista antropológico-espírita, que numa mesma base onde construímos nossas melhores qualidades, também construímos nossos piores defeitos. Somos eternamente seres em construção, e o que somos hoje é o resultado disso. São as várias cores desse grande espectro que se fundem para que nos tornemos o que somos.

Arago[108], em mensagem a Allan Kardec, explica que o Universo funciona em ciclos e que a própria história da evolução é uma história de padrões cíclicos, repetitivos. Estamos em meio a uma crise, mas o planeta já passou por situações assim. A evolução é cheia de altos e baixos, com a extinção de diversas espécies, incluindo a dos

108 *A Gênese*, de Allan Kardec, Capítulo XVIII.

dinossauros. Esses altos e baixos sempre estiveram ligados a catástrofes ambientais, aparentemente semelhantes ao que podemos observar hoje. À medida que a população humana cresce, passamos a disputar cada vez mais espaço com os organismos com os quais dividimos o planeta.

A boa notícia, porém, é que situações desse tipo sempre resultaram em progresso natural e deram origem a novas formas de vida. O mesmo deve acontecer agora. Conforme esse ciclo se finaliza, as pessoas vão ficando alarmadas e apreensivas quanto às "falhas" na estrutura que sustentam a civilização. Mas podemos acreditar que os "dinossauros" em breve estarão extintos mais uma vez. Os sobreviventes serão aqueles que perceberem que, ao destruir o planeta, ao trazer sofrimento para o próximo, estarão destruindo a si mesmos.

Como podemos ter tanta certeza? É uma teoria que vem dos próprios espíritos superiores. Quando lemos o capítulo terceiro de *O Evangelho segundo o Espiritismo*[109] fica muito claro o que acontecerá, mais cedo ou mais tarde, com esse mundo em que vivemos. Cabe a nós nos encaixarmos na nova realidade que virá.

Existe um ramo da matemática chamado geometria fractal. Vamos começar com uma definição de geometria que explica por que ela é importante para o estudo da estrutura de nossa biosfera. Geometria é uma maneira matemática de entender "o modo pelo qual diferentes partes de um objeto se encaixam uns nos outros".

Até 1975, o único tipo de geometria era a euclidiana, descrita no 13º volume dos textos gregos chamados *Os elementos de Euclides*, escritos em 300 a.C. Para os alunos que têm boa noção espacial, esse tipo de geometria é fácil de entender por que ela utiliza estruturas como cubos, esferas e cones e pode ser mapeada em papel quadriculado. Mas isso não se aplica à Natureza.

Não se pode mapear uma árvore, uma nuvem ou uma montanha utilizando fórmulas matemáticas euclidianas. Na Natureza, as estruturas orgânicas e inorgânicas apresentam padrões irregulares e aparentemente caóticos. Essas imagens naturais somente puderam ser reproduzidas com a proposição da geometria fractal.

---

109 *O Evangelho segundo o Espiritismo*, de Allan Kardec, capítulo 3.

O matemático francês Benoit Mandelbrot propôs a primeira teoria de matemática e geometria fractal em 1975. Diferentemente da física quântica, a geometria fractal (fracionária) nos força a levar em consideração esses padrões irregulares, um mundo estranho de formas curvas e objetos de mais de três dimensões. A matemática dos fractais é extremamente simples porque envolve apenas uma equação com multiplicação e adição. A mesma equação é repetida um número infinito de vezes. Por exemplo: o "conjunto de Mandelbrot" baseia-se na simples fórmula de pegar um número, multiplicá-lo por ele mesmo e adicioná-lo ao resultado.

O número resultante é então utilizado novamente na mesma equação e o resultado utilizado mais uma vez na equação, e assim por diante. O desafio é que, apesar de cada equação seguir a mesma fórmula, essas equações têm de ser repetidas milhões de vezes para que se encontre o padrão fractal. O trabalho manual e o tempo que se consome nessa operação impedia os matemáticos de reconhecer o valor da geometria fractal. Mas com o advento dos computadores, Mandelbrot conseguiu definir sua nova matemática.

A geometria dos fractais envolve a criação de padrões repetitivos, "semelhantes a si mesmos" e alojados um no outro. Uma imagem semelhante, embora bastante rudimentar, é a das bonecas russas *matrioscas*. Cada uma das pequenas é uma miniatura, embora não exatamente a mesma versão das maiores. A geometria fractal enfatiza o relacionamento entre os padrões de uma estrutura completa e os de cada parte dela. Por exemplo: o padrão dos ramos de uma árvore lembra o dos galhos principais, que saem do tronco. O padrão de um rio lembra os padrões de seus afluentes. No pulmão humano, o padrão fractal das ramificações dos brônquios se repete nos pequenos bronquíolos. Os vasos arteriais e venosos e o sistema nervoso periférico também têm padrões similares.

Mas será que as imagens repetitivas observadas na Natureza são mera coincidência? Parece que não. A história da evolução (como já foi mencionado anteriormente) é a história da ascensão a níveis mais altos de consciência. A repetição de padrões na Natureza é uma necessidade, e não uma coincidência da evolução "fractal". No entanto, a intenção aqui não é nos atermos aos detalhes matemáticos do modelo natural. O importante é mencionar que os padrões fractais de repetição se repetem na Natureza e na evolução também.

As belas figuras geradas por computador que ilustram os padrões fractais servem para nos lembrar de que, apesar de toda a agitação do mundo moderno e o aparente caos predominante, existe ordem na Natureza. Portanto, não há novidade. Os padrões fractais repetitivos nos permitem prever que os seres humanos acabarão descobrindo uma maneira de expandir sua consciência para galgar degraus mais altos na escala da evolução, entendendo os ciclos milenares de padrão "fractal" a que estamos sujeitos, como sugere Arago.

Esse mundo interessante dos fractais mostra que a "arbitrariedade, a falta de planejamento, o acaso e os eventos acidentais" são conceitos do passado. Não servem mais para a humanidade e devem ser substituídos, exatamente como aconteceu com os conceitos de que a Terra era o centro do Universo.

Mesmo conceitos abandonados pelo meio científico, como a astrologia, que, apesar de ainda popular, caiu em descrédito quando a astronomia ascendeu entre os acadêmicos, tem seu lugar nos conceitos trazidos pelos espíritos a Allan Kardec. E é o próprio Arago que vem nos abrir os olhos para a possibilidade astrológica concreta, ao nos explicar que, num mesmo sistema planetário, todos os corpos que o constituem reagem uns sobre os outros, na razão da proximidade ou do afastamento resultantes do movimento de translação deles, através dos sistemas que compõem a nossa nebulosa, de modo que até uma nebulosa influencia outra, e cada elemento reage, uns sobre os outros sucessivamente até o átomo.

A matéria orgânica não poderia escapar a essas influências; e a matéria orgânica, a seu turno, reage sobre o espírito. Este, pelo seu contato e sua ligação íntima com os elementos materiais, também sofre influências que lhe modificam as disposições, sem, no entanto, privá-lo do livre-arbítrio, que lhe sobrexcitam ou atenuam a atividade e que, pois, contribuem para o seu desenvolvimento. Até a efervescência, que por vezes se manifesta em toda uma população, entre os homens de uma mesma raça, não é coisa fortuita, nem resultado de um capricho; tem sua causa nas leis da Natureza. Essas perturbações que a matéria sofre podem determinar também certas enfermidades que atacam de modo geral as plantas, os animais e os homens, um "estimulante" para impelir a inteligência humana, por força da necessidade, a procurar meios de os combater e a entender as leis da Natureza.

Ou seja, pela perspectiva que Arago nos traz, ser do signo de Áries ou de Câncer pode fazer muita diferença e fazer nosso mapa astrológico não parece uma ideia tão ruim assim.

Quando entendermos que os processos da Natureza e da evolução são sempre repetitivos, a vida das células (que inspirou este livro e que modificou minha existência) passará a ser um conceito altamente instrutivo. Há bilhões de anos os sistemas vivos seguem um planejamento eficaz que lhes permite aumentar suas chances de sobrevivência e também a sobrevivência de outros organismos na biosfera.

Imagine uma população de trilhões de indivíduos vivendo sob o mesmo teto em estado de felicidade perpétua. Sim, essa comunidade existe e se chama corpo humano saudável. Obviamente, as comunidades celulares trabalham melhor que as humanas. Nelas não há "mendigos" ou células discriminadas. A menos, claro, que a comunidade esteja em desarmonia, o que faz com que algumas delas deixem de cooperar com as outras. O câncer é um exemplo disso.

Se os humanos seguissem o estilo de vida das comunidades de células saudáveis, nossa sociedade e nosso planeta seriam muito mais pacíficos. Mas criar comunidades pacíficas é um desafio porque cada pessoa neste mundo vê a realidade de uma maneira diferente. São quase 8 bilhões de versões humanas da mesma realidade do planeta, cada uma refletindo sua própria verdade. À medida que a população cresce, essas realidades se chocam umas contra as outras. As células enfrentaram desafios semelhantes no início da evolução, o que mostra mais uma vez que tudo se repete.

Logo depois que o planeta se formou, os organismos unicelulares começaram a se desenvolver rapidamente. Milhares de variações de bactérias, algas, fungos e protozoários, cada um com seu nível de consciência, surgiram nos 3,5 bilhões de anos seguintes. Assim como nós, esses organismos unicelulares começaram a se multiplicar sem controle e povoaram todo o ambiente. Deve ter sido um período difícil para eles também. Então, com a proximidade forçada e as consequentes modificações no ambiente, começaram a procurar soluções para as pressões constantes, principalmente a busca pelo alimento.

Isso levou a uma nova e gloriosa era da evolução, pois as células se uniram para formar as altruístas comunidades multicelulares. O resultado final foi a humanidade, o nível mais alto da escala evolutiva. Por isso acredito que os problemas causados pelo aumento cada vez mais significativo da população humana nos farão evoluir ainda mais. Um dia nos tornaremos uma comunidade global. Os membros desta comunidade mais evoluída reconhecerão que somos feitos à imagem do ambiente, regidos pela lei natural[110], que somos seres divinos e que temos de viver, não colocando em primeiro lugar a sobrevivência a qualquer preço, mas sim a maneira que permita a todos os seres do planeta viver com dignidade.

110 *O Livro dos Espíritos*, parte 3, Leis morais, capítulo 1.

36 A máxima defesa da vida

ATUALMENTE VIVENCIAMOS UM movimento mundial, avassalador, pela supervalorização da vida! A Declaração Universal dos Direitos do Homem, adotada pela Organização das Nações Unidas após a Segunda Guerra Mundial - e que talvez seja o que há de mais próximo que temos de uma Constituição global —, declara que o direito à vida é o valor fundamental da humanidade e, consequentemente, parece que acabamos todos convocados a travar uma guerra total contra a morte.[111]

Mas essa é uma concepção nova. As sociedades ao longo do tempo não conservaram um histórico de "santificar" a vida, preservando-a a todo custo. Pelo contrário, sempre santificaram algo transcendente, sendo, de maneira geral, bem receptivas com a morte. Três das maiores religiões da Terra - o cristianismo, o islamismo e o hinduísmo - sempre pregaram que o significado de nossa existência estava vinculado ao pós-vida. Assim, a morte era um decreto divino, parte vital e positiva do mundo, a linha de chegada e, depois dela, o prêmio, numa experiência metafísica, sagrada e repleta de significado.

Para nós, espíritas, essa visão da vida ancestral é bem clara, e sabemos muito bem que não devemos dar à vida material um valor

111 http://pfdc.pgr.mpf.mp.br/atuacao-e-conteudos-de-apoio/legislacao/direitos-humanos/declar_dir_ homem.pdf

maior ao que ela realmente tem. O conceito de vida futura nos ensina que uma encarnação não é um bem supremo ao qual devemos nos apegar com todas as nossas forças, e seu valor é passageiro e datado, servindo como período transicional para novos aprendizados e reajustes.

Mas a ciência e a cultura modernas - excessivamente materialistas por sinal - vêm desenvolvendo uma visão totalmente diferente, tanto da ancestralidade quanto do espiritismo. Estamos vivenciando um momento histórico de mudança de paradigma. Grande parte dos seres humanos contemporâneos está pensando na morte mais como um problema técnico que *precisa* ser resolvido. Ou seja, do ponto de vista científico, apenas um defeito técnico. E, em tese, todo problema técnico pode ter uma solução técnica.

É óbvio que a visão científica acaba nos contagiando. Quando vamos ao médico, queremos saber qual o "problema técnico" que temos e como solucioná-lo. E até mesmo quando uma pessoa morre em um acidente de trânsito ou em um furacão, tendemos a tratar esses casos como uma falha técnica que poderia ter sido evitada, pela maior obediência às leis de trânsito ou um serviço meteorológico mais eficiente.

E, mesmo tendo a certeza absoluta de que todos vão morrer um dia, que essa é a única certeza inevitável em nossa existência, mesmo assim, quando alguém morre, nos revoltamos em choque pelo "absurdo" do fato, querendo saber "o que deu errado". A própria gigante da tecnologia, Google, fundou uma empresa em 2013, chamada *Calico*, cujo objetivo, claramente, seria vencer o envelhecimento e as doenças decorrentes, tornando a morte obsoleta[112].

Mas durante o último século conseguimos quase duplicar nossa expectativa de vida, que na maior parte de nossa existência na Terra girou em torno de 40 anos. Com um "empurrãozinho" da ciência talvez não seja tão difícil viver mais umas poucas décadas.

Mas as implicações são tantas que nem de longe estamos preparados para a realidade e uma longevidade extra. Como a Previdência

---

112 https://exame.abril.com.br/ciencia/google-quer-desafiar-a-morte-com-o-lancamento-da-calico/

Social se sustentará quando em várias partes do mundo os governos já estão tendo dificuldade com os tantos idosos que "teimam" em não morrer, avançando além dos 90 anos de vida? Como seria lidar com um chefe que se formou em 1890? Como conciliar seu conhecimento e suas ideias com a atualidade do século em que vivemos? Os almoços de domingo, então, seriam grandemente enriquecidos com a presença de nossos avós, bisavós, trisavós e tetravós, junto de filhos, netos, bisnetos, trinetos e tetranetos. Talvez tivéssemos mais asilos do que lanchonetes nas cidades. Stalin ainda estaria em Moscou, firme e forte à frente do governo, com a Rússia preparando a festa do seu aniversário de 140 anos. Neste momento a ideia de viver tanto tempo não parece mais tão boa, não é verdade?

Companhias de seguro, fundos de pensão, sistemas de saúde e ministérios de Fazenda estão horrorizados com o salto na expectativa de vida humana. As pessoas estão vivendo muito mais do que se esperava, e não há dinheiro suficiente para pagar sua aposentadoria e os tratamentos médicos de que necessitam. Nossos avós trabalharam para pagar a aposentadoria de nossos pais, e nós estamos trabalhando para pagar a aposentadoria de nossos filhos. Com mais e mais pessoas nascendo, cada geração dilui os proventos da anterior. Os 70 anos ameaçam tornar-se os novos 40, e especialistas defendem a elevação da idade de aposentadoria e a reestruturação do mercado de trabalho.

Em 1900, a expectativa de vida global não excedia os 40 anos porque grande parte dos jovens morria de subnutrição, doenças infecciosas ou violência. Porém, quem escapasse, poderia viver até os 70 ou 80 anos, que é a duração de vida natural do ser humano. Galileu Galilei morreu com 77 anos; Isaac Newton, com 84, e Michelangelo viveu 88 anos, sem a ajuda de antibióticos, vacinas, transplante de órgãos ou mesmo anestesia.

A grande verdade é que, até o presente momento, a medicina não prolongou o tempo de vida natural do ser humano um ano sequer. Sua grande conquista foi nos salvar da morte prematura, permitindo-nos usufruir de uma existência com mais qualidade. As pessoas mais saudáveis do mundo raramente vão viver mais que 90 anos. Mas, graças a Deus, a morte não existe.

No ano de 1857, o professor Hippolyte Léon Denizard Rivail, sob o pseudônimo de Allan Kardec, literalmente matava a morte com o lançamento do primeiro volume da codificação: *O Livro dos Espíritos*. Descobrimos que estamos vivendo um momento passageiro junto à matéria, num aprendizado incessante, até a hora de retornar ao nosso verdadeiro lar, a realidade do mundo espiritual, nossa dimensão original e, quiçá, um dia, ficar lá eternamente, após adquirir o cabedal necessário de lições.

37 O estudo das vibrações

O FÍSICO ALEMÃO Winfried Otto Schumann[113] constatou, em 1952, que a Terra é cercada por um campo eletromagnético poderoso, que se forma entre o solo e a parte inferior da ionosfera que fica cerca de 100km acima de nós. Esse campo possui uma ressonância mais ou menos constante da ordem de 7,83 pulsações por segundo. Em tese, essa frequência poderia ser identificada como uma espécie de frequência de vibração, integrada à biosfera e, consequentemente, às formas de vida do planeta.

Empiricamente a descoberta de Schumann dá ensejo de que essa poderia ser nossa frequência biológica natural, não podendo, em tese, nos manter saudáveis fora desta. Entretanto, 60 anos antes, o físico, Nikola Tesla, já havia detectado essa ressonância com sucesso enquanto estudava uma gigantesca tempestade de raios e trovões. No âmbito da ciência, a ressonância de Schumann é de interesse quase que exclusivo dos meteorologistas, que a usa para monitorar

---

113 Schumann era doutor em engenharia elétrica. Antes da Primeira Guerra Mundial, trabalhou na Brown, Boveri e Cie Company's High Voltage Laboratory como gerente. Durante 1920 tornou-se professor na Universidade Técnica de Stuttgart, onde já atuava como assistente de pesquisa. Posteriormente trabalhou como professor de física na Universidade de Jena, foi professor e diretor no Electrophysical Laboratory na Universidade Técnica de Munique em 1924 e professor do Electrophysical Institute, onde ficou até 1961, quando se aposentou.

de maneira indireta o nível global de incidência de descargas elétricas na atmosfera.

Num estudo realizado por uma investigadora da Universidade de Lincoln, na Nova Zelândia[114], identificou-se que o cérebro humano pode estar "sincronizado" pela ressonância de Schumann e que a não sincronização com esta frequência pode estar na origem de vários problemas de saúde. O investigador australiano Lewis B. Hainsworth, foi um dos primeiros a sugerir que a saúde e o equilíbrio humano dependem diretamente da frequência eletromagnética da Terra e que aparelhos como o HAARP[115] são extremamente prejudiciais para o planeta e para a saúde de todos os seres em geral.

Um estudo das vibrações e sua interferência no ser humano foi desenvolvido pelo espírito André Luiz na obra *Mecanismos da mediunidade*, capítulo 1, psicografado por Francisco Cândido Xavier, que em muito parece concordar com Schumann e Tesla. Revela o benfeitor que a Terra é um magneto de gigantescas proporções, constituído de forças atômicas condicionadas em múltiplas combinações, compondo o campo eletromagnético do Planeta, que se movimenta em ritmo próprio.

Mas a descoberta de que a Terra possui um campo magnético, comportando-se como um grande ímã, ocorreu em 1600, com trabalhos do físico e médico inglês William Gilbert. A origem desse campo magnético e as suas consequências para a Terra ainda são objeto de estudo, mas sua importância é incontestável. Foi ele que permitiu as grandes navegações, pelo uso da bússola (os modernos navios usam GPS). É ele também que nos protege das partículas carregadas de eletromagnetismo provenientes do Sol (vento solar), a 700 km/s, e de outros pontos da galáxia (além de afetar seriamente as

---

114 *Human intelligence: the brain, an electromagnetic system synchronised by the Schumann Resonance signal*, de N. J. Cherry, publicado em Medical Hypotheses, volume 60, número 6, de 2003.

115 O HAARP, que significa "Programa de Investigação de Aurora Ativa de Alta Frequência", visa compreender melhor o funcionamento das transmissões de ondas de rádio na faixa da ionosfera, parte superior da atmosfera. https://www.tecmundo.com.br/tecnologia-militar/8018-haarp-o-projeto-militar-dos-eua-que-pode-ser-uma-arma-geofisica.htm

transmissões de rádio e televisão, há evidências de que as tormentas magnéticas aumentam as ocorrências de ataques cardíacos).

Continua o espírito André Luiz narrando que, sob influência desse magnetismo, a vida se desenvolve, produzindo vários tipos de ondas vibratórias: uma frase que emitimos ou um instrumento que vibra cria ondas sonoras; o aquecedor espalha ondas caloríficas, a lâmpada exterioriza ondas luminosas, o receptor radiofônico possui ondas elétricas e todo movimento se propaga em forma de ondas, através dos diferentes corpos da Natureza. Em suma, toda ação gera um tipo de vibração que se expande, mais ou menos intensamente, de acordo com a força de emissão.

As ondas ou oscilações eletromagnéticas, não importando sua origem, são sempre da mesma constituição física, diferenciando-se apenas por seu comprimento, ou seja, a distância entre uma vibração e outra, rápidas ou lentas, conforme sua frequência.

Assim, o ser humano está imerso em um imenso oceano formado por infinitos feixes de onda, emitidos por inúmeras fontes: as ondas magnéticas do planeta Terra, ondas sonoras de instrumentos musicais, sons diversos e a voz humana; aparelhos elétricos, sinais de dados, transmissões de TV e rádio, luzes, o calor de lâmpadas, de aparelhos elétricos, do corpo humano; o próprio pensamento e inúmeros outros. E acabamos, a todo instante, assinalando as ondas que se afinem com nosso modo de ser.

Dessa forma, existirão ondas que vibram em frequência que podemos captar e outras que passarão despercebidas de nossos sentidos. Por exemplo, o infrassom e o ultrassom são qualidades das ondas sonoras relacionadas à sua altura ou frequência. Os seres humanos são capazes de ouvir sons tão somente que se estendam entre as frequências de 20Hz e 20.000Hz. Dessa forma, quaisquer sons de frequência menor que esse intervalo são chamados de infrassons, enquanto aqueles sons que apresentam frequências maiores que 20.000Hz são chamados de ultrassons.

Da mesma forma acontece com as cores. O espectro visível pode ser dividido em subfaixas de acordo com a cor. Os comprimentos na faixa de radiação que o olho humano capta estão compreendidos entre 370nm (violeta) e 750nm (vermelho), sendo comum afirmar-se por aproximação que os comprimentos de onda dessa faixa localizam-se entre os 400 e 700 nanômetros (nm). Em termos de frequência, tem-se por correspondência que o espectro visível define-se pela banda situada entre 400THz e 790THz.

Assim, o espírito André Luiz explica que o pensamento, formulando-se em ondas, age de cérebro a cérebro, quanto a corrente de elétrons, de transmissor a receptor, em uma televisão. Podemos compreender, dessa forma, que no pensamento ou radiação mental, a substância de todos os fenômenos do espírito expressa-se por ondas de múltiplas frequências, como um aparelho emissor e receptor ao mesmo tempo. São formações atômicas, em diferentes condições vibratórias, tanto no plano físico, quanto no plano mental, como associações de cargas positivas e negativas: núcleos, prótons, nêutrons, pósitrons, elétrons ou fótons mentais, inseridos nas leis que regem o *quantum* e os princípios da mecânica ondulatória, que lhes imprimem frequência e cor específicos.

Submetendo todo esse campo de estudo à equivalência massa-energia, desenvolvido por Albert Einstein, que afirma que qualquer massa possui uma energia associada e vice-versa, na forma da Relatividade Restrita ou Teoria Especial da Relatividade, essa relação é expressa pela fórmula de equivalência massa-energia $E=mc^2$. De maneira prática, podemos entender que, segundo os cálculos de Einstein, confirmados em vários campos de pesquisa, que um corpo material, submetido a uma velocidade (vibração) equivalente a duas vezes a velocidade da luz, torna-se energia. Esse princípio foi utilizado, por exemplo, para se gerar grandes quantidades de energia atômica de pequenas porções de minério, a base da bomba atômica e dos reatores nucleares. Aprendemos com a Teoria da Relatividade que, na verdade, $E=mc^2$ significa que energia e matéria são partes da mesma realidade, embora vibrando a distintas velocidades.

Conectando-se esse conhecimento aos princípios espirituais, chegamos então à lógica de que vibrar mais intensamente nos deixa menos conectados às faixas de vibração lenta e pesada da matéria. Da mesma forma que baixar nossa vibração nos conecta mais pesadamente às coisas da Terra, pelo próprio caráter da velocidade da emissão de ondas. Para saber quais os padrões que nos fazem vibrar mais ou menos intensamente, nos elevando ou rebaixando, eterizando ou materializando, basta que busquemos os valores próprios do espírito e não da matéria, ou seja, os princípios divinos, tão bem expostos por Jesus e em toda a codificação espírita, sobretudo nas Leis Morais, contidas na terceira parte de *O Livro dos Espíritos* e nos temas abordados em *O Evangelho segundo o Espiritismo.*

Frente a tantos dados, não é de estranhar que tantos estudos estejam sendo realizados, comprovando a capacidade da mente influenciar o corpo. Ora, segundo a visão analítica do espírito André Luiz, a vibração mental naturalmente interage com a vibração orgânica e vice-versa, influenciando-se mutuamente. É dessa forma que um mal físico pode deixar a pessoa insegura, ou seja, as vibrações lentas e pesadas do corpo impactam a mente e, da mesma forma, um estado de alma enfermo pode adoecer o corpo, minando suas forças. Igualmente um estado de espírito otimista, vibrando energicamente, pode curar as mais profundas mazelas físicas, como já observado nos estudos realizados por Bruce H. Lipton e os efeitos placebo/nocebo.

38 Felicidade forjada

ATÉ A REVOLUÇÃO científica, não havia uma correlação clara entre nossas potencialidades e felicidade. Quando éramos camponeses medievais, talvez tivéssemos sido mais infelizes que nossos ancestrais caçadores-coletores, mas nos últimos séculos aprendemos a usar nossas potencialidades de modo mais sábio. Os triunfos da medicina moderna são apenas um exemplo. Outras conquistas sem precedentes incluem a drástica redução no índice de violência, o quase desaparecimento de guerras internacionais e a quase eliminação da fome em grande escala.

Filósofos, padres e poetas refletiram sobre a natureza da felicidade durante milênios, e muitos concluíram que fatores sociais, éticos e espirituais têm tanta influência sobre nossa felicidade quanto as condições materiais.

Nas últimas décadas, psicólogos e biólogos aceitaram o desafio de estudar cientificamente o que de fato deixa as pessoas felizes. Seria o dinheiro, a família, a genética? A moral? Ou nada disso?

A definição geralmente aceita de felicidade é "um bem-estar subjetivo". A felicidade, de acordo com essa visão, é algo que sinto dentro de mim, uma sensação de prazer imediato ou de contentamento no longo prazo com o modo como minha vida avança. O dicionário aposta em "satisfação; sensação real de satisfação plena; estado de contentamento"[116], ou seja, existe um conceito de plenitude ligado à felicidade.

Mas, se é algo sentido do lado de dentro, como pode ser medido de fora? Supostamente, podemos fazer isso sabendo como as pessoas se sentem. Psicólogos e biólogos, desejosos de avaliar o quanto as pessoas se sentem felizes, há anos vêm aplicando questionários para obter essa resposta.

Uma descoberta interessante é que, de fato, o dinheiro traz uma certa felicidade. Mas só até um limite, e além desse limite deixa de ter significância. Para as pessoas presas na base da pirâmide econômica, mais dinheiro significa mais felicidade.

Outra descoberta interessante é que a doença diminui a felicidade no curto prazo, mas só se torna sofrimento a longo prazo se as condições de vida de uma pessoa se deteriorarem de forma constante ou se a doença envolver uma dor contínua e debilitante. As pessoas que são diagnosticadas com doenças crônicas, como diabetes, geralmente ficam tristes por um tempo, mas, se a doença não piorar, elas se ajustam à nova condição e classificam sua felicidade nos mesmos patamares que as pessoas saudáveis.

Família e comunidade parecem ter mais impacto na nossa felicidade do que dinheiro e saúde. Pessoas com famílias coesas que vivem em sociedades que lhes dão apoio são mais felizes do que pessoas cujas famílias são disfuncionais e que nunca encontraram (ou nunca buscaram) fazer parte de um círculo social.

E, nesse ínterim, o casamento é particularmente importante. Repetidos estudos descobriram que há uma relação muito direta entre bons casamentos e nível elevado de bem-estar e entre maus casamentos e sofrimento; e isso independentemente das condições econômicas ou mesmo físicas. Um homem fisicamente inválido, cercado por uma esposa amorosa e uma família dedicada e um ambiente social afetuoso, pode se sentir melhor do que um bilionário solitário, contanto que a pobreza do inválido não seja extrema e que sua doença não seja degenerativa, nem dolorosa.

No entanto observa-se que a melhoria material no mundo, so-

116 https://www.dicio.com.br/felicidade/

bretudo nos últimos dois séculos, possa estar empurrando a família e a comunidade para um colapso. Contamos cada vez mais com o Estado e o mercado para quase tudo de que necessitamos: alimento, abrigo, educação, saúde, segurança...

Tornou-se possível sobreviver sem uma grande família ou amigos verdadeiros. Podemos morar em um apartamento, cercados por milhares de pessoas onde quer que formos, mas sem visitar o apartamento vizinho e sabendo muito pouco sobre nossos colegas de trabalho.

Até mesmo nossos amigos talvez sejam apenas companheiros de ocasião. Hoje, muitas amizades envolvem pouco mais do que conversar e se divertir juntos. Encontramos amigos em ocasiões especiais, um passeio, telefonamos para eles ou lhes enviamos mensagens pelas redes sociais para aliviar nossa frustração ou compartilhar nossas opiniões. Mas verdadeiramente mal os conhecemos!

Na Idade da Pedra dependíamos de nossos amigos para nossa própria sobrevivência. Vivíamos em comunidades solidárias, e nossos amigos eram pessoas com quem caçávamos mamutes. Juntos, sobrevivíamos a longas jornadas e a invernos rigorosos. Cuidávamos um do outro quando um ficava doente e compartilhávamos a última porção de comida em épocas de necessidade. Conhecíamos nossos amigos mais intimamente do que muitos casais de nossos dias.

A felicidade depende muito da relação entre a expectativa e a realidade. Se queremos um carro e conseguimos comprar um carro, ficamos contentes, pois a expectativa se tornou realidade. Se queremos uma Ferrari e só conseguimos um Fiat, sentimos que algo nos foi negado.

Quando as coisas melhoram, as expectativas crescem. E podem crescer a ponto de que uma melhora posterior possa ser vista de uma maneira negativa, por não se alinhar com nossas expectativas, deixando-nos insatisfeitos. Já quando as coisas pioram, as expectativas caem, a ponto de, até mesmo com uma doença grave, podermos ter boas expectativas, ficando satisfeitos e felizes.

Antes que os psicólogos percebessem, profetas, poetas e filósofos constataram, há milhares de anos, que estar satisfeito com o que já se tem é muito mais importante do que obter mais daquilo que deseja. Ainda assim, é bom quando pesquisas atuais – sustentadas por uma porção de números e gráficos – chegam à mesma conclusão a que os antigos chegaram.

É como dizem os espíritos superiores: a vida é prova ou expiação; portanto, não poderemos gozar na Terra de uma felicidade plena[117] e, sendo nós, os artífices de nossa própria infelicidade, cabe a nós mesmos o aprendizado da Lei de Deus para que aprendamos a nos comportar de modo menos grosseiro, na busca de uma felicidade relativa. Como afirmam as inteligências desencarnadas, a felicidade material consiste na posse do necessário. E, para a vida moral, consiste na paz de consciência e fé no futuro.

A importância das expectativas humanas tem implicações de longo alcance para entendermos a história da felicidade. Hoje, temos batalhões de médicos, psicólogos e terapeutas; um arsenal de tranquilizantes e analgésicos à disposição; e nossas expectativas de alívio e prazer, nossa intolerância à inconveniência e ao desconforto aumentaram a tal ponto que parece que podemos lidar hoje com a dor e a frustração melhor do que no passado.

Mas é difícil entender esse raciocínio. Quando tentamos adivinhar ou imaginar quão felizes fomos no passado, inevitavelmente nos imaginamos no tempo pregresso. Mas isso não funciona, porque associamos nossas expectativas com as condições materiais de outros tempos. Nas sociedades modernas, é costume tomar um banho e trocar de roupa todos os dias. Quando éramos camponeses medievais, ficávamos sem nos lavar por meses e quase nunca trocávamos de roupa. A ideia de viver dessa maneira, que consideramos hoje como imundos e fedorentos, repugna-nos. Mas como camponeses medievais, não nos importávamos. Estávamos acostumados à sensação e ao odor de roupa há muito não lavada. Podíamos trocar de roupa, mas não achávamos necessário, e assim, por incontáveis gerações, vivemos contentes.

Como vivemos atualmente a partir de expectativas, dois importantes pilares da nossa sociedade, os meios de comunicação de massa e a indústria da publicidade, podem, sem querer, estar esgotando nossas reservas de contentamento.

---

117 *O Livro dos Espíritos*, de Allan Kardec, questões 920 a 927.

Um rapaz de 18 anos vivendo em uma pequena aldeia, há 5 mil anos, provavelmente se consideraria atraente, pois só haveria uns 50 homens em sua aldeia, e a maioria deles seria composta de "velhos" com cicatrizes e rugas, ou ainda de meninos. Um adolescente nos dias de hoje tem muito mais probabilidade de se sentir inadequado. Mesmo que os outros rapazes na escola sejam feios, você não se compara com eles, e sim com os astros de cinema, atletas e supermodelos que vê diariamente na mídia.

Então, parte de nosso constante descontentamento é fomentada não só pela pobreza, doença ou corrupção, mas também pela exposição aos padrões do "mundo ideal".

Um exemplo: o egípcio médio tinha muito menos probabilidade de morrer de fome, praga ou violência sob o regime de Hosni Mubarak do que sob Ramsés II ou Cleópatra. Nunca as condições materiais da maior parte dos egípcios foram tão boas. Seria de se esperar que eles estivessem comemorando nas ruas em 2011, agradecendo a Alá pelo progresso do país, a prosperidade do povo e a boa sorte de todos. Em vez disso, eles se ergueram furiosamente para derrubar Mubarak. Não estamos, com esse exemplo, dizendo que os egípcios não deveriam lutar por mais justiça social, mas fica claro o exemplo de que estavam se comparando, não com seus ancestrais, e sim com seus contemporâneos no Primeiro Mundo.

Talvez, por isso, nós brasileiros sejamos tão complacentes com a corrupção política. Os ancestrais dos atuais egípcios desapareceram da Terra, e sua civilização tornou-se ruínas turísticas e *playground* de arqueólogos e historiadores do mundo todo. Os ancestrais do povo brasileiro estão muito próximos de nós, inclusive muitos deles ainda conservam um estilo de vida bem próximo ao que tinham antes da fundação do país. Algumas tribos indígenas vivem como viviam na época em que Pedro Álvares Cabral aportou na Bahia, inclusive sem nunca terem entrado em contato com o homem branco. Temos comunidades de negros quilombolas, formadas por descendentes diretos dos negros africanos que foram importados da África, na época em que a escravidão era a regra no Brasil e que vivem do trabalho braçal.

Muitos de nossos avós, ou bisavós, sobreviviam da terra, vivendo em fazendas no interior do país, e isso há poucas décadas. Nós, brasileiros, vimos o progresso desfilar a olhos vistos bem à nossa frente, da taba à megalópole paulista num piscar de olhos. Por isso, quando vemos na mídia mais uma Comissão Parlamentar de Inquérito, as decantadas CPI's, sendo aberta, olhamos para o passado recente e na nossa *timeline* mental só enxergamos progresso. E isso nos amortece as percepções, no sentido de que, apesar dos males, sempre houve melhorias incessantes, e o próprio povo é dividido sobre qual político é melhor ou pior do que outro. Não que concordemos com a corrupção, ou a má administração pública, mas aprendemos a ser tolerantes.

Em 1863, François-Nicolas-Madelaine, o cardeal Morlot, enviou mensagem a Allan Kardec (servindo-se de um dos médiuns da Sociedade Parisiense de Estudos Espíritas), que foi inserida em *O Evangelho segundo o Espiritismo,* na qual assevera: "Neste mundo, seja quem for, cada qual tem a sua parte de trabalho e de miséria, seu quinhão de sofrimento e desengano. Pelo que é fácil chegar-se à conclusão de que a Terra é um lugar de provas e de expiações". Ou seja, todos nós, independentemente de nossa classe social, credo, raça ou situação financeira, teremos momentos de infelicidade.

Cientistas sociais correlacionam o bem-estar subjetivo com fatores socioeconômicos, como riqueza e liberdade política. Os biólogos correlacionam o bem-estar subjetivo com fatores bioquímicos e genéticos. E suas descobertas são chocantes.

Os biólogos sustentam que nosso mundo mental e emocional é governado por mecanismos bioquímicos definidos por milhões de anos de evolução. Como todos os outros estados mentais, nosso bem-estar subjetivo não é determinado por parâmetros externos como salário, relações sociais ou direitos políticos. Em vez disso, é determinado.

Do ponto de vista biológico, a alegria é a reação a vários hormônios, que inundam a corrente sanguínea, e aos inúmeros sinais elétricos disparando em diferentes partes do seu cérebro, por um complexo sistema de nervos, neurônios, sinapses. Nas últimas décadas, endocrinologistas e neurocientistas têm-se dedicado cada vez mais a estudar a felicidade como um processo biológico para encontrar o que desencadeia esse sentimento sob o ponto de vista físico.

Nesse sentido, há quatro substâncias químicas naturais em nossos corpos geralmente definidas como o "quarteto da felicidade": endorfina, serotonina, dopamina e oxitocina. Quando nosso cérebro emite uma dessas químicas, nós sentimos, mas infelizmente não são liberadas a todo momento. Cada "substância da felicidade" tem um trabalho especial para fazer e se apaga assim que o trabalho é feito.[118]

Mas como essas substâncias são ativadas?

As endorfinas são consideradas a morfina do corpo, uma espécie de analgésico natural. Descoberta há 40 anos, as endorfinas são como uma "breve euforia" que mascara a dor física.[119] Assim, por exemplo, comer alimentos picantes é uma das maneiras de liberar esses opiáceos naturais, o que induz uma sensação de felicidade. Mas essa não é a única maneira de obter uma "injeção" de endorfina.

De acordo com estudos[120], assistir a filmes tristes também eleva os níveis da substância. Aqueles que tiveram maior resposta emocional também registraram maior aumento na resistência a dores e sentimento de unidade em grupo. Dançar, cantar e trabalhar em equipe também são atividades que melhoram, por meio de um aumento nas endorfinas, a união social e tolerância à dor.

O objetivo é estudar a felicidade como um processo biológico para encontrar o que desencadeia esse sentimento sob o ponto de vista físico. Ou seja, eles não se importam se as pessoas são mais felizes por amor ou dinheiro, mas o que acontece no corpo quando a alegria efetivamente dispara, e como "dar um empurrãozinho" nesse sentimento.

A serotonina flui quando nos sentimos importantes. Portanto, o sentimento de solidão e até mesmo a depressão são respostas químicas à sua ausência. Nas últimas quatro décadas, a questão de como manipular o sistema serotoninérgico com drogas tem sido uma importante área de pesquisa em biologia psiquiátrica, e esses estudos têm levado a avanços no tratamento da depressão.[121]

---

118 Loretta Breuning, autora do livro *Habits of a happy brain* (Hábitos de um cérebro Feliz, tradução livre), e professora da Universidade Estadual da Califórnia (EUA).

119 Loretta Breuning.

120 Robin Dunbar, professor de psicologia evolutiva da Universidade de Oxford (Inglaterra).

121 Simon Young, editor-chefe na revista *Psiquiatria e Neurociência*.

Em 2017, a depressão se situou como a principal causa de invalidez em todo o mundo.[122] Atualmente é considerada um transtorno mental que afeta mais de 300 milhões de pessoas.

Uma estratégia mais simples para elevar o nível de serotonina é recordar momentos felizes[123], pois justamente um dos sintomas da depressão é o esquecimento das situações felizes. Por isso, por exemplo, olhar fotos antigas ou conversar com um amigo pode ajudar a refrescar a memória. Além disso, há várias maneiras de elevarmos a serotonina: tomar sol, receber massagens e praticar exercícios aeróbicos, como corrida e ciclismo.

A dopamina costuma ser descrita como responsável por sentimentos como amor e luxúria, mas também já foi tachada de viciante. Daí sua descrição como "mediadora do prazer". Baixos níveis de dopamina fazem que pessoas e outros animais sejam menos propensos a trabalhar para um propósito.[124] Por isso, a dopamina acaba tendo mais a ver com motivação e relação custo-benefício do que com o próprio prazer.

O certo é que essa substância química é acionada quando se dá o primeiro passo rumo a um objetivo e também quando a meta é cumprida. Além disso, pode ser gerada por um fato da vida cotidiana (por exemplo, encontrar uma vaga livre para estacionar o carro) ou algo mais excepcional (como receber uma promoção no trabalho). A melhor maneira de elevar a dopamina, portanto, é definir metas de curto prazo ou dividir objetivos de longo prazo em metas mais rápidas. E celebrar quando atingi-las.

Por ser relacionada com o desenvolvimento de comportamentos e vícios maternos, a oxitocina é muitas vezes apelidada de "hormônio dos vínculos emocionais" e "hormônio do abraço".

A ligação social é essencial para a sobrevivência da espécie (humanos e alguns animais), uma vez que favorece a reprodução, prote-

---

122 Dados da Organização Mundial da Saúde (OMS).

123 Alex Korb, neurocientista do site *Psicologia Hoje.*

124 John Salamone, professor de psicologia na Universidade de Connecticut (EUA), em estudo sobre efeitos da dopamina no cérebro, publicado em 2012 na revista *Neuron.*

ção contra predadores e mudanças ambientais, além de promover o desenvolvimento do cérebro. A exclusão do grupo produz transtornos físicos e mentais no indivíduo e, eventualmente, leva à morte.[125]

Por isso, a oxitocina tem uma "posição de liderança" nesse "quarteto da felicidade", como composto cerebral importante na construção da confiança, que é necessária para desenvolver relacionamentos emocionais. Abraçar é uma forma simples de se conseguir um aumento da oxitocina. Dar ou receber um presente é um outro exemplo.[126]

Construir relações de confiança, dando "pequenos passos" e "negociando expectativas" para que ambas as partes possam concretizar o vínculo emocional.

Tendemos a acreditar que, se pudéssemos ao menos mudar de trabalho, casar, comprar um carro novo ou quitar um financiamento, estaríamos nas nuvens. Mas, quando conseguimos o que desejamos, não parecemos mais felizes. Por isso, comprar carros não mudará nossa bioquímica. Pelos estudos descritos anteriormente, poderá estimulá-la por um breve instante, mas logo voltaremos ao ponto inicial. O que nos leva, então, a uma análise mais profunda do que poderia nos trazer a felicidade.

Retomando uma afirmação do início do capítulo, o dicionário, quando explica a felicidade, aposta em "satisfação; sensação real de satisfação plena; estado de contentamento"[127], ou seja, existe um conceito de plenitude ligado à felicidade. E aí podemos entender que realmente deva existir uma diferenciação entre felicidade e alegria, já que alegria é considerada, também pelo dicionário, como uma "circunstância ou situação feliz"[128].

Ora, a doutrina espírita esclarece que nós, como espíritos imortais, naturalmente necessitamos de valores que nos acompanhem pela eternidade. E os únicos capazes de seguir jornada conosco são

---

125 Segundo estudo publicado em 2011 pelo ginecologista e obstetra indiano Navneet Magon.

126 Loretta Breuning.

127 https://www.dicio.com.br/felicidade/

128 https://www.dicio.com.br/alegria/

os de ordem moral e intelectual, pois apenas esses podem seguir conosco tanto no mundo material quando na dimensão espiritual.

Esse ponto de vista muitas vezes nos falta. Por isso, as conquistas materiais, como vimos anteriormente, dão-nos apenas alegrias passageiras, liberando hormônios que nos conferem uma satisfação que logo se desfaz. Uma casa, quando a adquirimos, por mais bonita que seja, um dia precisará de reforma; um carro novo ficará velho, sofrerá arranhões; nós estamos envelhecendo ininterruptamente, e as rugas aparecerão mais cedo ou mais tarde, se já não as tivermos. É a Lei de Destruição[129], a que a matéria está submetida.

129 *O Livro dos Espíritos*, de Allan Kardec, parte 3, cap. 6.

Conclusão: Amor, ferramenta de sobrevivência

MUITA GENTE NÃO se adapta aos tempos de hoje, tão conturbados, em que parece que só os mais fortes conseguem sobreviver. São multidões de pessoas que não conseguem acordar cedo e se adaptar à disciplina de bater o ponto no trabalho, que não conseguem se relacionar, que têm pavor de ter filhos, que não conseguem se formar. Pessoas que ainda não descobriram seus talentos ou que, vencidos pela frustração, acabam por se suicidar.

Será que Darwin estava certo e a competitividade e a violência são mesmo necessários? Não será parte do mundo natural? E todos esses documentários que mostram animais perseguindo uns aos outros, caçando e matando? Será que os seres humanos não possuem mesmo uma inclinação nata para a violência? A lógica parece dizer que, se os animais são violentos e humanos são animais, os humanos possivelmente são violentos.

Mas seres humanos não nascem com instintos inatos de competição ou com genes que os tornam violentos. Os chimpanzés, animais geneticamente mais próximos aos seres humanos, são a prova de que a violência não é parte necessária da biologia. Quando os chimpanzés dessas sociedades ficam agitados, não dispersam a energia acumulada em lutas, e sim tendo relações sexuais.

Pesquisas recentes[130] mostram que mesmo os babuínos selvagens, considerados uma das raças mais violentas do planeta, não possuem propensão genética à violência. Em um grupo de babuínos que estava sendo estudado, os machos mais agressivos, devido ao seu comportamento mais voraz, comeram toda a carne que fora jogada por turistas em uma lata de lixo, sem saber que estava contaminada, morrendo pouco tempo depois. Com isso, a estrutura social do grupo precisou ser recriada. Segundo os pesquisadores, as fêmeas ajudaram a fazer com que os machos restantes, menos agressivos, adotassem um comportamento mais cooperativo, o que levou a comunidade a uma vida muito mais pacífica.

Estamos no topo da cadeia alimentar. Nossa sobrevivência depende de que nos alimentemos de organismos que estão abaixo de nós. Sem predadores naturais não somos "presas" e não necessitamos da violência. Claro, isso não significa que estejamos imunes às leis da Natureza. Podemos ser devorados por outros animais. Somos mortais, e a única coisa que podemos esperar, depois de uma vida de não-violência, é que nosso corpo seja reciclado pelo ambiente.

É muito curioso pensar que os seres humanos, que estão no topo da cadeia alimentar, no final acabem sendo devorados pelos organismos que estão no nível mais baixo dela: as bactérias. Contudo, não é fácil ter uma vida sem violência. Apesar de nossa posição na cadeia alimentar, somos nossos próprios inimigos.

Alguns animais da mesma comunidade podem se voltar uns contra os outros, mas a luta entre membros da mesma espécie se limita a posturas ameaçadoras, sons e gestos, nunca chegando à morte. A causa da violência entre eles costuma ser a disputa por água, alimentos e ar, necessários à sobrevivência, ou a seleção de machos para a propagação.

Já entre os humanos, ao contrário, a necessidade de violência para garantir a sobrevivência ou como método de seleção natural é mínima. Nossa violência está associada à aquisição de bens materiais, além do necessário para a sobrevivência ou à compra e dis-

130 Realizadas pelos biólogos da Universidade de Stanford, Robert M. Sapolsky e Lisa J. Share, e publicadas na Biblioteca Pública de Biologia e Ciências de Stanford.

tribuição de drogas utilizadas para escaparmos do pesadelo deste mundo que criamos. Nossas crianças e mulheres sofrem maus-tratos, geração após geração.

Talvez a forma mais comum de violência seja o controle ideológico. Ao longo da História, movimentos religiosos, sociais e os governos instigaram as massas à violência e à agressão para eliminar os descrentes e dissidentes. Além de desnecessária, a violência humana não é algo inerente, genética ou um instinto "animal". Temos a habilidade e a obrigação de eliminá-la.

Mas não vamos chegar a um nível mais alto de evolução se não nos unirmos às comunidades de pessoas que trabalham para o avanço da civilização humana e que percebem que a sobrevivência daqueles que sabem amar é a única maneira de garantir não apenas uma vida pessoal mais saudável como também um planeta melhor.

Felizmente, como filhos de Deus que somos, essa essência divina, que é o amor, é parte constituinte e indissolúvel do nosso ser. Como afirma o espírito Fénelon, no capítulo XI de *O Evangelho segundo o Espiritismo*: "O amor é de essência divina, e todos vós, do primeiro ao último, tendes, no fundo do coração, a centelha desse fogo sagrado. É fato que já haveis podido comprovar muitas vezes este pensamento: o homem, por mais abjeto, vil e criminoso que seja, vota a um ente ou a um objeto qualquer viva e ardente afeição à prova de tudo quanto tendesse a diminuí-la e que alcança, não raro, sublimes proporções". Ou seja, não nos falta amor, mas apenas melhor definir o objeto amado.

O amor seria o sentimento capaz de restaurar todas as feridas de nossa alma e todas as outras. Quantas passagens do Novo Testamento nos mostram o poder do amor na restauração da saúde? Inúmeras!

O texto de Atos 5:15 mostra essa grandiosa realidade dos milagres que eram feitos pelo poder dos apóstolos: "a ponto de levarem os enfermos até pelas ruas e os colocarem sobre leitos e macas, para que, ao passar Pedro, ao menos a sua sombra se projetasse nalguns deles". Sabemos que *Atos dos Apóstolo*s foi escrito por Lucas, que era médico. Isso nos leva a entender por que ele teve tanto interesse em narrar curas especiais de forma milagrosa, além de narrar a autoridade dos apóstolos na proclamação do Evangelho.

O próprio Jesus já havia feito diversas curas, onde as narrativas nos mostram situações bem parecidas com essa narrada sobre Pedro, como em Lucas 6:19: "E todos da multidão procuravam tocá-lo, porque dele saía poder; e curava todos". Estes grandiosos sinais foram especialmente derramados quando Jesus estava na Terra e também quando enviou seus discípulos de forma especial não apenas para curar e fazer sinais, mas para proclamar o reino de Deus e a necessidade do arrependimento, descrição contida em Marcos 16:17-18.

Outra narrativa de Lucas, registrada em Atos 19:11-12, mostra que também o apóstolo Paulo foi fonte de grandiosos feitos: "E Deus, pelas mãos de Paulo, fazia milagres extraordinários, a ponto de levarem aos enfermos lenços e aventais do seu uso pessoal, diante dos quais as enfermidades fugiam das suas vítimas, e os espíritos malignos se retiravam".

A essência divina fluía através de Pedro e abençoava vidas com curas. Da mesma forma acontecia com Paulo. E aconteceu também com Jesus, quando a mulher que sofria de hemorragia tocou em sua veste e dela saiu poder: "tendo ouvido a fama de Jesus, vindo por trás dele, por entre a multidão, tocou-lhe a veste. Porque, dizia: Se eu apenas lhe tocar as vestes, ficarei curada", passagem contida em Marcos 5:27-28.

O que temos em todas essas narrativas são o apontamento claro de que o poder da fé é capaz de promover verdadeiros milagres. Sim, da fé. Diferentemente do que muitos podem pensar, o poder de cura de que estavam imbuídos Jesus e seus apóstolos não era fruto de uma mediunidade ostensiva de cura, mas fruto do poder da fé que tinham, como diz o codificador no capítulo XIX de *O Evangelho segundo o Espiritismo*:

> O poder da fé se demonstra, de modo direto e especial, na ação magnética; por seu intermédio, o homem atua sobre o fluido, agente universal, modifica-lhe as qualidades e lhe dá uma impulsão por assim dizer irresistível. Daí decorre que aquele que a um grande poder fluídico normal junta ardente

> fé pode, só pela força da sua vontade dirigida para o bem, operar esses singulares fenômenos de cura e outros, tidos antigamente por prodígios, mas que não passam de efeito de uma lei natural. Tal o motivo por que Jesus disse a seus apóstolos: se não o curastes, foi porque não tínheis fé.

E continua no capítulo XV de *A Gênese*:

> Agiria [Jesus] como médium nas curas que operava? Poder-se-á considerá-lo poderoso médium curador? Não, porquanto o médium é um intermediário, um instrumento de que se servem os espíritos desencarnados, e o Cristo não precisava de assistência, pois que era ele quem assistia os outros. Agia por si mesmo, em virtude do seu poder pessoal, como o podem fazer, em certos casos, os encarnados, na medida de suas forças. Que espírito, ao demais, ousaria insuflar-lhe seus próprios pensamentos e encarregá-lo de os transmitir? Se algum influxo estranho recebia, esse só de Deus lhe poderia vir. Segundo definição dada por um espírito, ele era médium de Deus.

A sombra de Pedro nos indica que hoje em dia essas coisas também devem acontecer? As narrativas do Evangelho mostram que pessoas foram curadas sem qualquer toque, sem objetos, sem nada visível, mas apenas pela fé, como em Mateus 8:13: "Então, disse Jesus ao centurião: Vai-te, e seja feito conforme a tua fé. E, naquela mesma hora, o servo foi curado".

O que o Evangelho quer nos indicar é que as pessoas, quando unidas a Deus, podem atuar de forma grandiosa, levando bênção e esperança a outros. Como narra Allan Kardec, ainda no capítulo XIV de *A Gênese*:

> A cura se opera mediante a substituição de uma molécula malsã por uma molécula sã. O poder curativo estará, pois, na razão direta da pureza da substância inoculada; mas, depende também da energia da vontade que, quanto maior for, tanto mais abundante emissão fluídica provocará e tanto maior for-

> ça de penetração dará ao fluido. Depende ainda das intenções daquele que deseje realizar a cura, seja homem ou espírito. Os fluidos que emanam de uma fonte impura são quais substâncias medicamentosas alteradas. São extremamente variados os efeitos da ação fluídica sobre os doentes, de acordo com as circunstâncias. Algumas vezes é lenta e reclama tratamento prolongado, como no magnetismo ordinário; doutras vezes é rápida, como uma corrente elétrica. Há pessoas dotadas de tal poder, que operam curas instantâneas nalguns doentes, por meio apenas da imposição das mãos, ou, até, exclusivamente por ato da vontade. Entre os dois polos extremos dessa faculdade, há infinitos matizes. Todas as curas desse gênero são variedades do magnetismo e só diferem pela intensidade e pela rapidez da ação. O princípio é sempre o mesmo: o fluido, a desempenhar o papel de agente terapêutico e cujo efeito se acha subordinado à sua qualidade e a circunstâncias especiais. [...]
>
> É muito comum a faculdade de curar pela influência fluídica e pode desenvolver-se por meio do exercício; mas, a de curar instantaneamente, pela imposição das mãos, essa é mais rara e o seu grau máximo se deve considerar excepcional. No entanto, em épocas diversas e no seio de quase todos os povos, surgiram indivíduos que a possuíam em grau eminente. [...] Uma vez que as curas desse gênero assentam num princípio natural e que o poder de operá-las não constitui privilégio, o que se segue é que elas não se operam fora da Natureza e que só são miraculosas na aparência.

Deus vive dentro de cada um de nós. Jesus atua no mundo através de nós. Não nos falta recursos ou assistência. O que verdadeiramente precisamos é de fé no bem, esse poderoso ímã capaz de operar verdadeiros "milagres"!

Bibliografia

A BÍBLIA SAGRADA. Tradução de João Ferreira de Almeida. 4ª ed. São Paulo: Sociedade Bíblica do Brasil, 2010.

BONTEMPO, M. **Medicina Natural: homeopatia e radiestesia**. São Paulo: Nova Cultural, 1992.

BRASILEIRO, Emídio. **Inteligências Emocionais**. São Paulo: Boa Nova, 2002.

BREUNING, L. G. **Habits of a Happy Brain: Retrain Your Brain to Boost Your Serotonin, Dopamine, Oxytocin & Endorphin Levels**. 1 th. Vero Beach: Adams Media, 2015.

CHAMBERLAIN, D. **The mind of your newborn baby**. Vermont: North Atlantic Books, 1998.

DARWIN, C. **A origem das espécies**. Porto: Lello & Irmão, 2003. Disponível em http://ecologia.ib.usp.br/ffa/arquivos/abril/darwin1.pdf. Último acesso em 28 de maio de 2019.

DIAS, H. D. **O novo testamento**. 1ª ed. Brasília: FEB, 2013.

FREUD, S. **O Ego e o Id e outros trabalhos**. São Paulo: Imago. Disponível em http://conexoesclinicas.com.br/wp-content/uploads/2015/01/freud-sigmund-obras-com-pletas-imago--vol-19-1923-1925.pdf. Último acesso em 28 de maio de 2019.

JABLONKA, E.; LAMB, M. **Epigenetic inheritance and evolution**: the lamarchian dimension. Oxford: Oxford University Press, 1995.

KARDEC, A. **A Gênese**. Tradução de Guillon Ribeiro. Brasília: FEB, 2013. Disponível em https://www.febnet.org.br/wp-content/uploads/2012/07/A-genese_Guillon.pdf. Úl-timo acesso em 28 de maio de 2019.

KARDEC, A. **O Evangelho segundo o Espiritismo**. Tradução de Guillon Ribeiro. Brasília: FEB, 2004. Disponível em https://febnet.org.br/wp-content/themes/portalfeb-grid/obras/evangelho-guillon.pdf. Último acesso em 13 de dezembro de 2018.

KARDEC, A. **O Livro dos Espíritos**. Tradução de Guillon Ribeiro. Brasília: FEB, 2004. Disponível em http://www.febnet.org.br/wp-content/uploads/2012/07/135.pdf. Último acesso em 13 de dezembro de 2018.

KARDEC, A. **O Livro dos Médiuns**. Tradução de Guillon Ribeiro. Brasília: FEB, 2005. Disponível em http://www.febnet.org.br/wp-content/uploads/2012/07/136.pdf. Último acesso em 13 de dezembro de 2018.

KARDEC, Allan. **Revue Spirite** de 1863.

KIRSCH, I. **The emperor's new drugs**. Prevention & Treatment. American Psychological Association, 2002.

KOLBERT, E. **A sexta extinção**: Uma história não natural. São Paulo: Intrínseca, 2015.

LORBER, J. **Is your brain really necessary?** Disponível em https://science.sciencemag. org/content/210/4475/1232.

LIPTON, B. H. **A biologia da crença**. São Paulo: Butterfly, 2007. Disponível em http://www.reconectaruniversal.com/livro1.pdf. Último acesso em 28 de maio de 2019.

LUIZ, A. (Espírito); XAVIER, F. C. **Evolução em dois mundos**. Brasília: FEB, 1959. Disponível em http://www.luzespirita.org.br/leitura/pdf/l17.pdf. Último acesso em 13 de dezembro de 2018.

__________. **Mecanismos da mediunidade**. Brasília: FEB, 1960. Disponível em http://luzespirita.org.br/leitura/pdf/L151.pdf. Último acesso em 28 de maio de 2019.

__________. **Missionários da luz**. Brasília: FEB, 1945. Disponível em http://www.luzespirita.org.br/leitura/pdf/L78.pdf. Último acesso em 28 de maio de 2019.

__________. **No mundo maior**. Brasília: FEB, 1947. Disponível em http://www.luzespirita.org.br/leitura/pdf/L100.pdf. Último acesso em 28 de maio de 2019.

LUIZ A.; EMMANUEL (Espíritos); XAVIER, F. C. **Busca e acharás**. Brasília: FEB, 1976. Disponível em http://bvespirita.com/Buscas%20e%20Acharas%20(psi-cografia%20Chico%20Xavier%20-%20espiritos%20diversos).pdf. Último acesso em 28 de maio de 2019.

MCCLARE, C. W. F. **Repercussion in bioenergetics**. Annals of the New York Academy of Science.

MENDIZZA, M.; CHILTON J. **Magical parent, magical child**. Vermont: North Atlantic Books, 2004.

NATHANIELSZ, P. W. **Life in the Womb**: the origin of health and disease. St. Petersburg: Promethean, 1999.

PEARSALL, P.P. **The heart's code**. Easton: Harmony, 1999.

PERT, C. **Molecules of emotion**. Nova York: Scribner, 2010.

RYLE, G. **The concept of mind**. Chicago: University of Chicago Press, 2000.

SIEGEL, D. J. **The developing mind**. New York: The Guilford Press, 2015.

SYLVIA, C. **A voz do coração**. São Paulo: Ediouro, 1999.

SZENTGYÖRGYI, A. **Introduction to a submolecular biology**. Massachusetts: Academic Press, 2012.

VERNY, T. R. **Pre-parenting**: nurturing your child from conception. Nova York: Simon & Schuster, 2003.

VERNY, T. **The secret of the unborn child**. Norwalk: Dell, 1891.

The Origins of Peace and Violence
www.violence.de

Epigenetic and Transgenerational Reprograming of Brain Development
www.nature.com/articles/nrn3818

DNA Is Not Destiny: The New Science of Epigenetics
www.discovermagazine.com/2006/nov/cover

DEciphering the language of cells
www.researchgate.net/publication/20428341_Deciphering_the_language_of_cells

A busca da felicidade
https://super.abril.com.br/cultura/a-busca-da-felicidade/. Último acesso em 15 de julho de 2019.

Vacinas, evolução, transgênicos: pesquisa revela crenças dos brasileiros
http://revistaquestaodeciencia.com.br/questao-de-fato/2019/05/13/vacinas-evolucao-transgenicos-pesquisa-revela-crencas-dos-brasileiros. Último acesso em 17 de julho de 2019.

Google quer desafiar a morte com o lançamento da Calico
https://exame.abril.com.br/ciencia/google-quer-desafiar-a-morte-com-o-lancamento-da-calico/

Watson (supercomputador)
https://pt.wikipedia.org/wiki/Watson (supercomputador)

UCSF Robotic Pharmacy, San Francisco
https://www.pharmaceutical-technology.com/projects/ucsf-robotic-pharmacy-san-francisco/

'Pâncreas biônico' feito com iPhone combate diabetes com eficácia
http://g1.globo.com/bemestar/noticia/2014/06/pancreas-bionico-feito-com-iphone-combate-diabetes-com-eficacia.html

Conheça a lente de contato que controla a diabetes
http://g1.globo.com/ciencia-e-saude/noticia/2014/07/conheca-lente-de-contato-que-controla-diabetes.html

Felicidade
https://www.dicio.com.br/felicidade/

Alegria
https://www.dicio.com.br/alegria/

CONHEÇA TAMBÉM:

Peça e receba – o Universo conspira a seu favor

José Lázaro Boberg

Estudo • 16x22,5 cm • 248 pp.

José Lázaro Boberg reflete sobre a força do pensamento, com base nos estudos desenvolvidos pelos físicos quânticos, que trouxeram um volume extraordinário de ensinamentos a respeito da capacidade que cada ser tem de construir sua própria vida, amparando-se nas Leis do Universo.

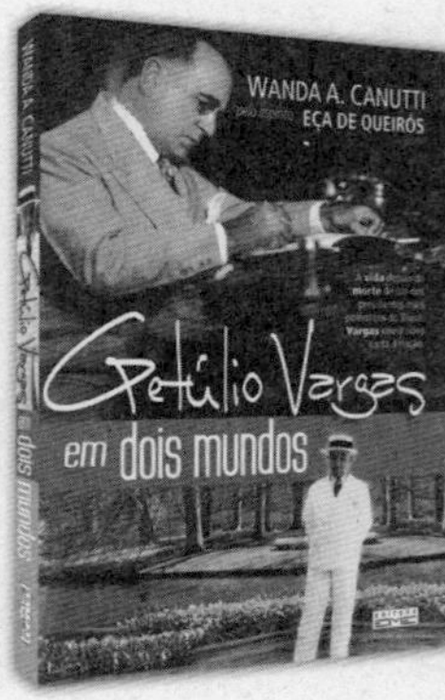

Getúlio Vargas em dois mundos

Wanda A. Canutti • Eça de Queirós (espírito)

Romance mediúnico • 16x22,5 cm • 344 pp.

Getúlio Vargas realmente suicidou-se? Como foi sua recepção no mundo espiritual? Qual o conteúdo da nova carta à nação, escrita após sua desencarnação? Saiba as respostas para estas e outras perguntas, agora em uma nova edição, com nova capa, novo formato e novo projeto gráfico.

A vingança do judeu

Vera Kryzhanovskaia • J. W. Rochester (espírito)

Romance mediúnico • 16x22,5 cm • 424 pp.

O clássico romance de Rochester agora pela EME, com nova tradução, retrata em cativante história de amor e ódio, os terríveis fatos causados pelos preconceitos de raça, classe social e fortuna e mostra ao leitor a influência benéfica exercida pelo espiritismo sobre a sociedade.

CONHEÇA TAMBÉM:

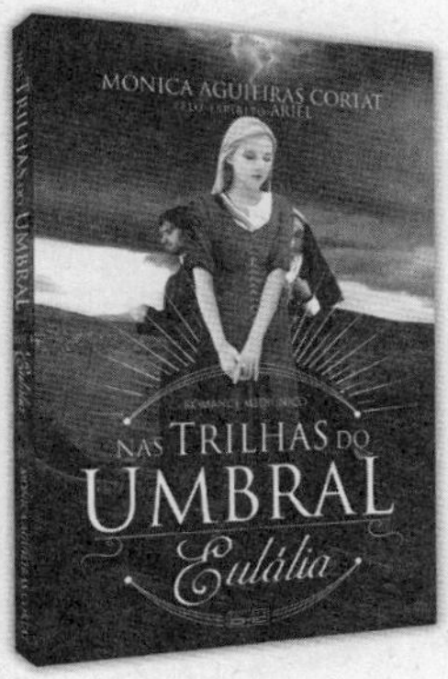

Nas trilhas do umbral: Eulália
Mônica Aguieiras Cortat • Ariel (espírito)
Romance mediúnico • 14x21 cm • 200 pp.

Em *Nas trilhas do umbral – Eulália*, um time de espíritos encarnados e desencarnados vai nos contar histórias de resgates ocorridos naquela região – e cheios de ensinamentos –, como o da mãe aflita que pede ajuda para resgatar seu filho suicida que se encontra sofrendo nos mais sombrios recantos do umbral.

Nas trilhas do umbral – Tobias
Mônica Aguieiras Cortat • Ariel e Tobias (espíritos)
Romance mediúnico • 14x21 cm • 352 pp.

Após o resgate de Eulália, o grupo retorna à trilha em busca de Fabrício. Porém, uma cena chama a atenção: três homens e um menino vivendo em uma cabana em uma clareira!
Por que estariam ali? Entenda esta história lendo *Nas trilhas do umbral – Tobias.*

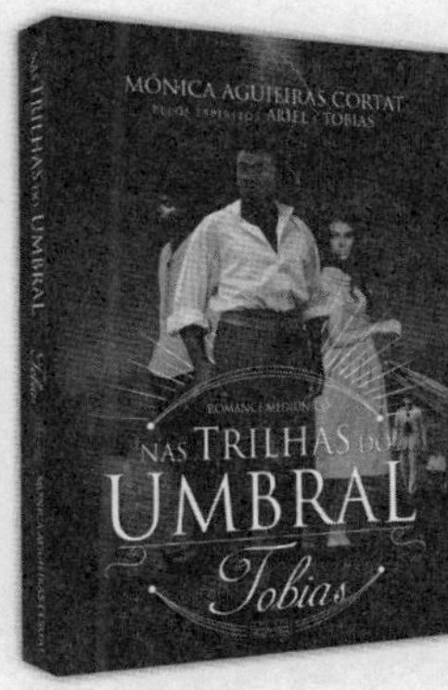

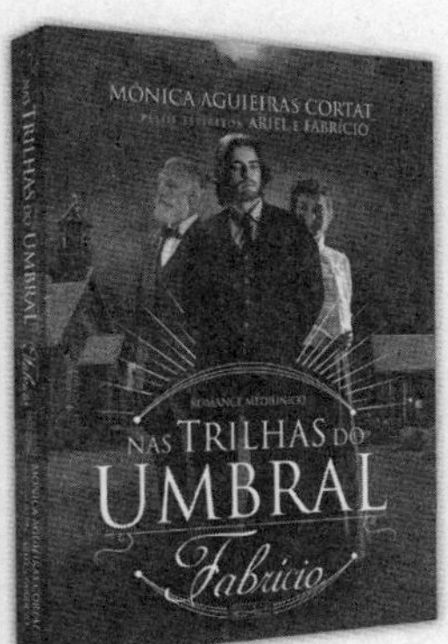

Nas trilhas do umbral – Fabrício
Mônica Aguieiras Cortat • Ariel e Fabrício (espíritos)
Romance mediúnico • 14x21 cm • 416 páginas

Neste terceiro (e derradeiro) volume de *Nas trilhas do umbral*, série que registrou a jornada de Ariel, Clara e Olívia por aquela região, caminharemos com a equipe socorrista para conhecer novos e intrigantes personagens com suas histórias, enquanto os leitores descobrem mais a respeito desta região transitória – torcendo para que Fabrício seja, enfim, encontrado para nos narrar sua experiência.

CONHEÇA DO MESMO AUTOR:

Causa e origem dos nossos males
Juliano P. Fagundes
Estudo • 14x21 cm • 184 pp.

Asseveram as entidades superiores que depende de cada um de nós o avanço para a perfeição, segundo nossa própria vontade e a submissão à vontade de Deus. Este livro traz uma explicação antropológico-espírita sobre a origem de nossos desvios morais. E por que temos dificuldade em mudar nosso comportamento.

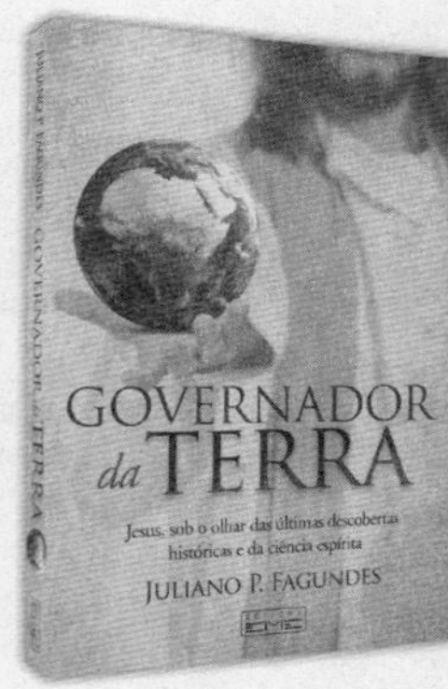

Governador da Terra
Juliano P. Fagundes
Estudo • 14x21 cm • 256 pp.

Estudo aprofundado sobre as últimas revelações trazidas por cientistas, pesquisadores, historiadores, arqueólogos e os espíritos superiores sobre a vida, a obra e o contexto do mundo em que viveu o Mestre Nazareno.

Às portas da regeneração
Juliano P. Fagundes
Estudo • 15,5x22,5 cm • 272 pp.

Os assuntos sobre o nosso futuro apresentados neste livro falam de possibilidades, já que a humanidade ainda tem diversos problemas a resolver. O que significa que ainda podemos todos ser parte da solução.

Não encontrando os livros da **EME** na livraria de sua preferência,
solicite o endereço de nosso distribuidor mais próximo de você através de
Fones: (19) 3491-7000 / 3491-5449
(claro) 9 9317-2800 (vivo) 9 9983-2575
E-mail: vendas@editoraeme.com.br – Site: www.editoraeme.com.br